Ratio versus Profit

Gemeinsam können wir die Welt zum Besseren verändern

Walter Ponner

Inhaltsverzeichnis

1 Vorwort

Die immer wiederkehrenden Stagnationen bzw. Rezessionen in den kapitalistischen Volkswirtschaften sind für viele Menschen durch Arbeitslosigkeit, sozialen Abstieg und Perspektivlosigkeit gekennzeichnet. Wie könnte eine stabile, sich dynamisch entwickelnde und den jeweiligen ökonomischen Umständen sich flexibel anpassende Volkswirtschaft gestaltet werden, die allen Menschen dauerhaft soziale Sicherheit und Chancengleichheit bietet? Um eine Antwort auf diese Frage zu finden, betrachte ich in den nachfolgende Ausführungen die Entwicklungstendenz kapitalistischer Volkswirtschaften aus systemanalytischer Sicht anhand definierter System-Modelle für eine geschlossene bzw. offene Volkswirtschaft. Dabei ist für mich von besonderem Interesse, welche objektiven Wirkprinzipien der Entwicklungstendenz einer kapitalistischen Volkswirtschaft zu Grunde liegen und ob die Ergebnisse einer letztlich theoretischen Analyse mit den Beobachtungen in der Realität korrespondieren. Ich habe mir in keiner Weise das Ziel gestellt die soziale und ökonomische Situation in aktuellen kapitalistischen Volkswirtschaften einer kritischen Analyse zu unterziehen, sondern nur schwerpunktmäßig zu untersuchen, wie sich der Gesamtzustand einer Volkswirtschaft in Abhängigkeit von den jeweils geltenden Rahmenbedingungen, unter denen die volkswirtschaftlichen Prozesse ablaufen, ändert.

2 Definition der System-Modelle für eine geschlossene bzw. offene Volkswirtschaft

Die reale Volkswirtschaft besteht aus einer Vielzahl von Produktions- und Dienstleistungsunternehmen der unterschiedlichsten Art sowie aus Verwaltungsorganen, die die Rahmenbedingungen für die volkswirtschaftlichen Prozessabläufe und das Zusammenleben der Menschen festlegen und überwachen. Die Produktions- und Dienstleistungsunternehmen, die Verwaltungsorgane und die der Volkswirtschaft zuzurechnenden Menschen sind für mich die Komponenten der Volkswirtschaft, die ich im Weiteren als Wirtschaftseinheiten bezeichne. Es ist offensichtlich, dass die konkreten Sachverhalte der einzelnen Wirtschaftseinheiten in einem volkswirtschaftlichen Modell keine Berücksichtigung finden können. Deshalb habe ich gleichartige Wirtschaftseinheiten zu Wirtschaftskomplexen zusammengefasst und auf dieser Grundlage die nachfolgenden System-Modelle definiert. Unter Volkswirtschaft verstehe ich die Summe aller Wirtschaftseinheiten eines Landes und deren Gesamtheit an Produktions- und Austauschprozessen. Wirtschaftseinheiten sind Produktions- und Dienstleistungsunternehmen, private Haushalte, Banken und der Staat. Privathaushalte umfassen die Gesamtheit aller Personen, die der Volkswirtschaft zuzurechnen sind. Infolge ihrer volkswirtschaftlich übergreifenden Bedeutung betrachte ich die Banken im Unterschied zu den anderen Dienstleistungsunternehmen als gesonderte Wirtschaftseinheiten, die über die Finanzwirtschaft mit allen anderen Wirtschaftseinheiten der Volkswirtschaft verbunden sind. Auch dem Staat mit seinen gesamtgesellschaftlich übergreifenden Verwaltungs- und Regulierungstätigkeiten, der insbesondere die Rahmenbedingungen für die Organisation der volkswirtschaftlichen Prozessabläufe innerhalb und zwischen allen Wirtschafteinheiten einer Volkswirtschaft definiert, ist eine Sonderstellung einzuräumen.

Die Wirtschaftseinheiten fasse ich zu den Wirtschaftskomplexen

- Produktionskomplex - Pk

  Gesamtheit aller Produktionsunternehmen

- Dienstleistungskomplex - Dk

  Gesamtheit aller Dienstleistungsunternehmen, außer Banken

- Bankenkomplex - Bk

  Gesamtheit aller Banken

- Staatskomplex - Stk

  Gesamtheit aller staatlichen Verwaltungsorgane

- Personenkomplex - Psk

  Gesamtheit aller Personen in den Privathaushalten

zusammen.

In Abhängigkeit von ihrer Stellung in den Produktions-, Dienstleistungs- und Austauschprozessen habe ich alle Personen der Privathaushalte folgenden volkswirtschaftlichen Personengruppen (Pg) zugeordnet:

$Pg_{1.a}$ - alle Mitarbeiter in den Unternehmen des Pk,

$Pg_{2.a}$ - alle Mitarbeiter in den Unternehmen des Dk,

$Pg_{3.a}$ - alle Mitarbeiter in den Unternehmen des Bk,

$Pg_{4.a}$ - alle Mitarbeiter im Stk (Bund, Länder und Gemeinden),

$Pg_{5.a}$ - Rentner und Pensionäre,

$Pg_{6.a}$ - Arbeitslose und Sozialhilfeempfänger,

$Pg_{i.b}$ - Personen, die durch die $Pg_{i.a}$ mitversorgt werden ($i = 1$ bis 6).

Dienstleistungs-, Banken- und Staatskomplex bezeichne ich zusammenfassend auch als Dienstleistungssektor.

Die Wirtschaftskomplexe sind aufs Engste über den Austausch von Sachgütern und Dienstleistungen sowie über staatlichen Abgaben und Kredite miteinander verbunden, wobei ich unter Sachgütern, Dienstleistungen und staatlichen Abgaben Folgendes verstehe:

Sachgüter

Alle Sachgüter (S) habe ich in die Sachgütergruppen (SGrp)

S_1 - Individualgüter (zur Befriedigung individueller Bedürfnisse),

S_2 - Kollektivgüter (zur Befriedigung kollektiver Bedürfnisse),

S_3 - Dienstleistungssachgüter (zur Aufrechterhaltung der Dienstleistungsprozesse),

S_4 - Exportsachgüter (dazu zählen: Individualgüter, Kollektivgüter, Dienstleistungssachgüter und Produktionsmittel),

S_5 - Produktionsmittel (dazu zählen: Betriebsmittel und Werkstoffe)

unterteilt.

Erläuterungen zu den Sachgütern

- Sachgüter sind körperliche Güter, die zur Befriedigung materieller Bedürfnisse in allen Bereichen der Volkswirtschaft zum Einsatz kommen. Die Herstellung der Sachgüter erfolgt in Betrieben der Industrie, des produzierenden Gewerbes, des Bauwesens, der Land- und Forstwirtschaft sowie des Fischereiwesens. Diese Betriebe sind im Produktionskomplex zusammengefasst.

- Betriebsmittel sind Maschinen, Vorrichtungen, Werkzeuge, Gebäude und Grundstücke, mit deren Hilfe Produktionsleistungen erbracht werden. Betriebsmittel verschleißen im Produktionsprozess.

- Zu den Werkstoffen zählen Rohstoffe, Hilfsstoffe, Halbfabrikate, Betriebsstoffe und Reparaturmaterialien, die bei der Durchführung von Produktionsleistungen verarbeitet bzw. verbraucht werden.

- Produktionsmittel, die im Inland zur Befriedigung individueller oder kollektiver Bedürfnisse zum Einsatz kommen, werden den Individual- bzw. Kollektivgütern zugerechnet.

Von Relevanz in den volkswirtschaftlichen Modellen sind nur Sachgüter, die folgende Bedingungen erfüllen:

- Alle im Jahre j_x aus eigener Produktion verkauften Sachgüter wurden im gleichen Jahr im Produktionskomplex produziert.

- Bei der Erzeugung der Sachgütergruppen S_1 bis S_4 werden Produktionsmittel verbraucht bzw. verschlissen, deren Marktwert in den Marktwert der Sachgüter S_1 bis S_4 eingeht.

- Ein Teil der Jahresproduktion der Sachgüter S_1, S_2 und S_3 wird auf dem Inlandmarkt verkauft; der verbleibende Rest ist zusammen mit den für den Export vorgesehenen Produktionsmitteln Bestandteil der Export-Sachgüter S_4

- Verkaufte Sachgüter werden als Warenproduktion bezeichnet.

Dienstleistungen

Dienstleistungen (DL) unterteile ich in

- allgemeine Dienstleistungen (ADL) und

- Finanzdienstleistungen (FDL).

Bei den Finanzdienstleistungen berücksichtige ich die Arbeitsbereiche

- Kreditgeschäfte mit Kredittilgungen (Krt) und Kreditzinsen (Krz),

- sonstige Finanzdienstleistungen (SFDL), wie Verwaltung von Geldanlagen, Führung von Konten u.a.

Staatliche Abgaben

Staatliche Abgaben (StAb) sind Steuern (Steu) und Sozialversicherungsbeiträge (Svb). Zu den Sozialversicherungsbeiträgen zählen die Positionen:

- Rentenversicherung

- Krankenversicherung

- Arbeitslosenversicherung

- Pflegeversicherung

Alle Steuerarten und Sozialversicherungsbeiträge werden durch den Staatskomplex verwaltet.

Die Austauschprozesse, Kreditrückzahlungen und staatlichen Abgaben werden mit Hilfe des Geldes auf der Grundlage gesetzlicher Regelungen und Vorschriften realisiert. Die wesentlichen bei diesen Prozessen auftretenden Finanzströme sind in Abb.1 auf Seite 7 für eine geschlossene Volkswirtschaft (V_g) und in Abb.2 auf Seite 8 für eine offene Volkswirtschaft (V_o) dargestellt.[1] Dabei werden die Finanzströme in Form von gerichteten Fließlinien abgebildet und durch ökonomische Parameter gekennzeichnet. Für eine geschlossene Volkswirtschaft verwende ich zur Kennzeichnung dieser Parameter folgende Symbole (s. Abb.1):

- $Krt^X_{j_x}$ - Zahlung von Kredittilgungen durch X

  X = Pk, Dk, Stk, $Pg_{1.a}$ bis $Pg_{6.a}$

- $Krz^X_{j_x}$ - Zahlung von Kreditzinsen durch X

  X = Pk, Dk, Stk, $Pg_{1.a}$ bis $Pg_{6.a}$

- $StAb^X_{j_x}$ - Zahlung von staatlichen Abgaben durch X

  X = Pk, Dk, Bk, $Pg_{1.a}$ bis $Pg_{6.a}$

- A^X_{SFDL,j_x} - Ausgaben von X für sonstige Finanzdienstleistungen

  X = Pk, Dk, Stk, $Pg_{1.a}$ bis $Pg_{6.a}$

- A^X_{ADL,j_x} - Ausgaben von X für allgemeine Dienstleistungen

  X = Pk, Stk, Bk, $Pg_{1.a}$ bis $Pg_{6.a}$

- $A^X_{S_i,j_x}$ - Ausgaben von X für Sachgüter der SGrp S_i

  X = Dk, Stk, Bk, $Pg_{1.a}$ bis $Pg_{6.a}$

---

[1] In Abhängigkeit davon, ob Volkswirtschaften mit anderen Volkswirtschaften in Wechselwirkung stehen oder nicht, unterscheidet man offene bzw. geschlossene Volkswirtschaften. Bei offenen Volkswirtschaften (V_o) ist der Austausch von Gütern, Finanzen, Kapital und Arbeitskräften zwischen den Volkswirtschaften möglich. In geschlossenen Volkswirtschaften (V_g) entfallen diese Austauschprozesse.

Geschlossene Volkswirtschaften spielen im Zeitalter der Globalisierung keine Rolle. Trotzdem ist die Analyse der sozio-ökonomischen Entwicklungstendenz geschlossener Volkswirtschaften von grundlegender Bedeutung für das Verständnis von Zustandsänderungen in offenen Volkswirtschaften. Ich betrachte offene Volkswirtschaften näherungsweise als geschlossene Volkswirtschaften, die von Außenwirtschaftsbeziehungen überlagert werden. An dieser Stelle möchte ich anmerken, dass am Endpunkt der Globalisierungsprozesse auch eine weltumspannende Volkswirtschaft denkbar ist, die als geschlossene Volkswirtschaft betrachtet werden kann.

- $BAE_{j_x}^{Pg}$ - Bruttoarbeitseinkommen der Personengruppe Pg
  $Pg = Pg_{1.a}, Pg_{2.a}, Pg_{3.a}$

- $NAE_{j_x}^{Pg_{4.a}}$ - Nettoarbeitseinkommen der Personengruppe $Pg_{4.a}$

- $RP_{j_x}^{Pg_{5.a}}$ - Renten und Pensionen der Personengruppe $Pg_{5.a}$

- $AgSh_{j_x}^{Pg_{6.a}}$ - Arbeitslosengeld und Sozialhilfe der Personengruppe $Pg_{6.a}$

  Ergänzt man die ökonomischen Parameter für eine geschlossene Volkswirtschaft mit den Parametern

- $A_{imp.S_i,j_x}^{X}$ - Ausgaben von X für den Import von Sachgütern der SGrp S_i,
  X = Pk, Dk, Stk, Bk, $Pg_{1.a}$ bis $Pg_{6.a}$

- $A_{ADLa.V,j_x}^{X}$ - Ausgaben von X für ADL anderer Volkswirtschaften,
  X = Pk, Dk, Stk, Bk, $Pg_{1.a}$ bis $Pg_{6.a}$

- $A_{imp.,j_x}$ - Ausgaben der Volkswirtschaft für Importe,

- $E_{exp.S_4,j_x}^{Pk}$ - Einnahmen des Pk aus dem Export von Sachgütern der SGrp S_4,

- $E_{exp.ADL,j_x}^{Dk}$ - Einnahmen des Dk aus dem Export von ADL,

- $E_{exp.FDL}^{Bk}, j_x$ - Einnahmen des Bk aus dem Export von FDL,

erhält man die Parameter für eine offene Volkswirtschaft (s.Abb.2).

Die von einem Wirtschaftskomplex (Sechseck) wegweisenden Pfeile kennzeichnen die Ausgaben, die zum Wirtschaftskomplex hingerichteten Pfeile die Einnahmen.

Die Finanzflüsse in den Abbildungen 1 und 2 beschreiben die finanziellen Verflechtungen der Wirtschaftskomplexe beim Austausch von Produkten und Dienstleistungen und bei der Rückzahlung von Krediten sowie die Einflussnahme des Staatskomplexes auf diese Austauschprozesse über die Erhebung und Umverteilung von staatlichen Abgaben. Dabei handelt es sich um einzelne, ineinander greifende Kreisläufe, die in ihrer Gesamtheit den volkswirtschaftlichen Kreislauf ausmachen.

Durch die volkswirtschaftlichen Kreisläufe in den Abbildungen 1 und 2 und die in diesem Abschnitt getroffenen Festlegungen zu ökonomischen Parametern und Sachverhalten sind die System-Modelle für eine geschlossene bzw. offene Volkswirtschaft definiert.

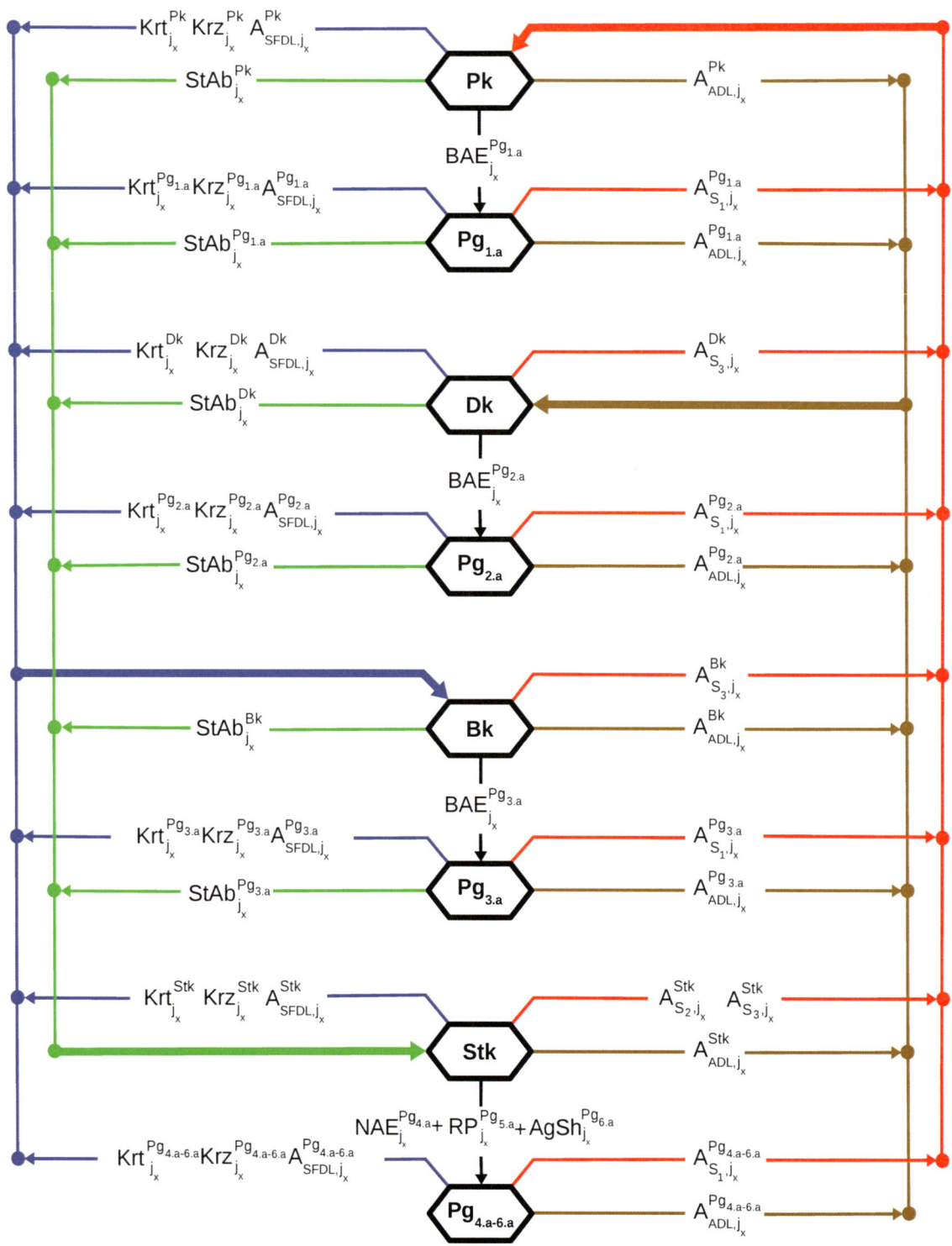

Abbildung 1: Finanzflüsse zwischen den Wirtschaftskomplexen in einer geschlossenen Volkswirtschaft

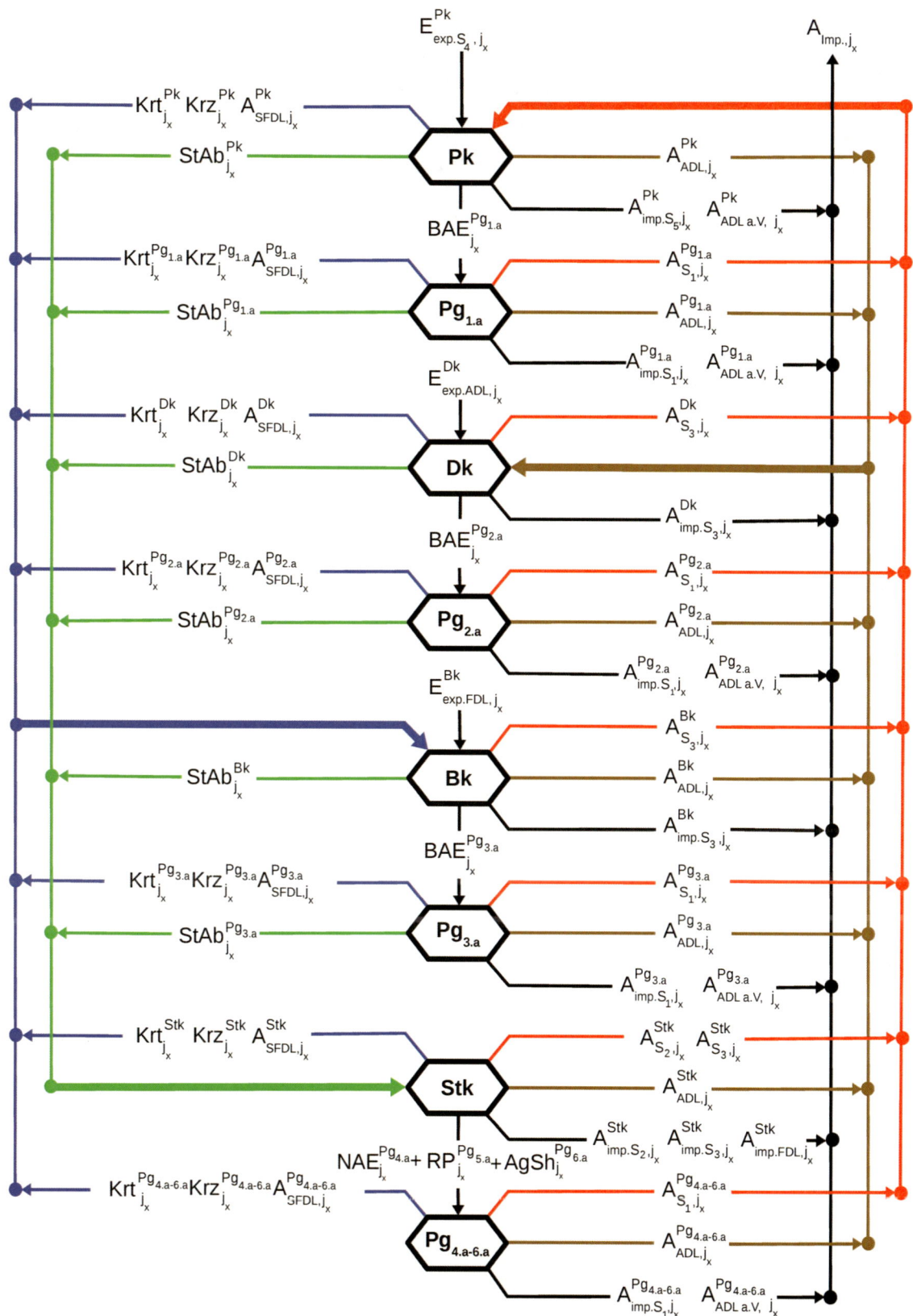

Abbildung 2: Finanzflüsse zwischen den Wirtschaftskomplexen in einer offenen Volkswirtschaft

3 Die Systemgleichungen für eine geschlossene Volkswirtschaft

Versieht man alle Einnahmen der Wirtschaftskomplexe mit einem (+) und alle Ausgaben mit einem (-) und addiert alle Einnahmen und Ausgaben in Abb.1 auf Seite 7 gesondert für die jeweiligen Wirtschaftskomplexe[2], erhält man für eine geschlossene Volkswirtschaft folgende Gleichungen:

Produktionskomplex

$$\sum_{i=1}^{6} A_{S_1,j_x,v_g}^{Pg_{i.a}} + A_{S_2,j_x,v_g}^{Stk} + A_{S_3,j_x,v_g}^{Stk} + A_{S_3,j_x,v_g}^{Dk} + A_{S_3,j_x,v_g}^{Bk} - BAE_{j_x,v_g}^{Pg_{1.a}} -$$
$$A_{ADL,j_x,v_g}^{Pk} - Krt_{j_x,v_g}^{Pk} - Krz_{j_x,v_g}^{Pk} - A_{SFDL,j_x,v_g}^{Pk} - StAb_{j_x,v_g}^{Pk} = \Delta_{j_x,v_g}^{Pk} \quad (1)$$

Personengruppe $Pg_{1.a}$

$$BAE_{j_x,v_g}^{Pg_{1.a}} - A_{S_1,j_x,v_g}^{Pg_{1.a}} - A_{ADL,j_x,v_g}^{Pg_{1.a}} - A_{SFDL,j_x,v_g}^{Pg_{1.a}} -$$
$$Krt_{j_x,v_g}^{Pg_{1.a}} - Krz_{j_x,v_g}^{Pg_{1.a}} - StAb_{j_x,v_g}^{Pg_{1.a}} = \Delta_{j_x,v_g}^{Pg_{1.a}} \quad (2)$$

Dienstleistungskomplex

$$\sum_{i=1}^{6} A_{ADL,j_x,v_g}^{Pg_{i.a}} + A_{ADL,j_x,v_g}^{Pk} + A_{ADL,j_x,v_g}^{Stk} + A_{ADL,j_x,v_g}^{Bk} - BAE_{j_x,v_g}^{Pg_{2.a}} -$$
$$A_{S_3,j_x,v_g}^{Dk} - A_{SFDL,j_x,v_g}^{Dk} - Krt_{j_x,v_g}^{Dk} - Krz_{j_x,v_g}^{Dk} - StAb_{j_x,v_g}^{Dk} = \Delta_{j_x,v_g}^{Dk} \quad (3)$$

Personengruppe $Pg_{2.a}$

$$BAE_{j_x,v_g}^{Pg_{2.a}} - A_{S_1,j_x,v_g}^{Pg_{2.a}} - A_{ADL,j_x,v_g}^{Pg_{2.a}} - A_{SFDL,j_x,v_g}^{Pg_{2.a}} -$$
$$Krt_{j_x,v_g}^{Pg_{2.a}} - Krz_{j_x,v_g}^{Pg_{2.a}} - StAb_{j_x,v_g}^{Pg_{2.a}} = \Delta_{j_x,v_g}^{Pg_{2.a}} \quad (4)$$

Bankenkomplex

$$\sum_{i=1}^{6} Krt_{j_x,v_g}^{Pg_{i.a}} + Krt_{j_x,v_g}^{Pk} + Krt_{j_x,v_g}^{Dk} + Krt_{j_x,v_g}^{Stk} +$$
$$\sum_{i=1}^{6} Krz_{j_x,v_g}^{Pg_{i.a}} + Krz_{j_x,v_g}^{Pk} + Krz_{j_x,v_g}^{Dk} + Krz_{j_x,v_g}^{Stk} +$$
$$\sum_{i=1}^{6} A_{SFDL,j_x,v_g}^{Pg_{i.a}} + A_{SFDL,j_x,v_g}^{Pk} + A_{SFDL,j_x,v_g}^{Dk} + A_{SFDL,j_x,v_g}^{Stk} -$$
$$BAE_{j_x,v_g}^{Pg_{3.a}} - A_{S_3,j_x,v_g}^{Bk} - A_{ADL,j_x,v_g}^{Bk} - StAb_{j_x,v_g}^{Bk} = \delta_{j_x,v_g}^{Bk}$$

---

[2]Da Nettoarbeitseinkommen $NAE_{j_x}^{Pg_{4.a}}$, Renten und Pensionen $RP_{j_x}^{Pg_{5.a}}$ sowie Arbeitslosengeld und Sozialhilfe $AgSh_{j_x}^{Pg_{6.a}}$ durch den Staatskomplex bereitgestellt werden, habe ich die Fließlinien für die Personengruppen $Pg_{4.a}$, $Pg_{5.a}$ und $Pg_{6.a}$ in den Abbildungen 1 und 2 aus Gründen der Übersichtlichkeit zusammengefasst.

bzw.

$$\sum_{i=1}^{6} Krz_{j_x,v_g}^{Pg_{i.a}} + Krz_{j_x,v_g}^{Pk} + Krz_{j_x,v_g}^{Dk} + Krz_{j_x,v_g}^{Stk} +$$

$$\sum_{i=1}^{6} A_{SFDL,j_x,v_g}^{Pg_{i.a}} + A_{SFDL,j_x,v_g}^{Pk} + A_{SFDL,j_x,v_g}^{Dk} + A_{SFDL,j_x,v_g}^{Stk} -$$

$$BAE_{j_x,v_g}^{Pg_{3.a}} - A_{S_3,j_x,v_g}^{Bk} - A_{ADL,j_x,v_g}^{Bk} - StAb_{j_x,v_g}^{Bk} =$$

$$\delta_{j_x,v_g}^{Bk} - \sum_{i=1}^{6} Krt_{j_x,v_g}^{Pg_{i.a}} - Krt_{j_x,v_g}^{Pk} - Krt_{j_x,v_g}^{Dk} - Krt_{j_x,v_g}^{Stk} = \Delta_{j_x,v_g}^{Bk} \quad (5)$$

Personengruppe $Pg_{3.a}$

$$BAE_{j_x,v_g}^{Pg_{3.a}} - A_{S_1,j_x,v_g}^{Pg_{3.a}} - A_{ADL,j_x,v_g}^{Pg_{3.a}} - A_{SFDL,j_x,v_g}^{Pg_{3.a}} -$$

$$Krt_{j_x,v_g}^{Pg_{3.a}} - Krz_{j_x,v_g}^{Pg_{3.a}} - StAb_{j_x,v_g}^{Pg_{3.a}} = \Delta_{j_x,v_g}^{Pg_{3.a}} \quad (6)$$

Staatskomplex

$$\sum_{i=1}^{3} StAb_{j_x,v_g}^{Pg_{i.a}} + StAb_{j_x,v_g}^{Pk} + StAb_{j_x,v_g}^{Dk} + StAb_{j_x,v_g}^{Bk} - NAE_{j_x,v_g}^{Pg_{4.a}} -$$

$$RP_{j_x,v_g}^{Pg_{5.a}} - AgSh_{j_x,v_g}^{Pg_{6.a}} - A_{ADL,j_x,v_g}^{Stk} - A_{S_2,j_x,v_g}^{Stk} - A_{S_3,j_x,v_g}^{Stk} -$$

$$A_{SFDL,j_x,v_g}^{Stk} - Krt_{j_x,v_g}^{Stk} - Krz_{j_x,v_g}^{Stk} = \Delta_{j_x,v_g}^{Stk} \quad (7)$$

Personengruppen $Pg_{4.a}$ bis $Pg_{6.a}$

$$NAE_{j_x,v_g}^{Pg_{4.a}} - A_{S_1,j_x,v_g}^{Pg_{4.a}} - A_{ADL,j_x,v_g}^{Pg_{4.a}} - A_{SFDL,j_x,v_g}^{Pg_{4.a}} -$$

$$Krt_{j_x,v_g}^{Pg_{4.a}} - Krz_{j_x,v_g}^{Pg_{4.a}} = \Delta_{j_x,v_g}^{Pg_{4.a}} \quad (8)$$

$$RP_{j_x,v_g}^{Pg_{5.a}} - A_{S_1,j_x,v_g}^{Pg_{5.a}} - A_{ADL,j_x,v_g}^{Pg_{5.a}} - A_{SFDL,j_x,v_g}^{Pg_{5.a}} - Krt_{j_x,v_g}^{Pg_{5.a}} - Krz_{j_x,v_g}^{Pg_{5.a}} = \Delta_{j_x,v_g}^{Pg_{5.a}} \quad (9)$$

$$AgSh_{j_x,v_g}^{Pg_{6.a}} - A_{S_1,j_x,v_g}^{Pg_{6.a}} - A_{ADL,j_x,v_g}^{Pg_{6.a}} - A_{SFDL,j_x,v_g}^{Pg_{6.a}} - Krt_{j_x,v_g}^{Pg_{6.a}} - Krz_{j_x,v_g}^{Pg_{6.a}} = \Delta_{j_x,v_g}^{Pg_{6.a}} \quad (10)$$

Bevor ich die Gleichungen 1 bis 10 den weiteren Betrachtungen zugrunde lege, ist noch der Nachweis zu erbringen, dass die Gesamtheit dieser Gleichungen in sich konsistent ist. Dazu untersuche ich die Eigenschaften der Delta's (Δ's) in diesen Gleichungen.

Zu den Delta's für den Produktions-, Dienstleistungs- und Bankenkomplex (s. Gleich. 1,3,5)

Jeder Parameter in den Gleichungen für den Produktions-, Dienstleistungs- und Bankenkomplex kann als die Summe der entsprechenden Parameter aller in den jeweiligen Wirtschaftskomplex einbezogenen Wirtschaftseinheiten aufgefasst werden. Diesen Sachverhalt möchte ich anhand der Gleichung 1 erläutern:

Nehmen wir an, die Anzahl der im Produktionskomplex erfassten Einzelunternehmen sei gleich „m". Bezeichnet man die Warenproduktion eines beliebigen Unternehmens „u" im Produktionskomplex mit W_{u,j_x,v_g}^{Pk}, dann entspricht die gesamte Warenproduktion einer geschlossenen Volkswirtschaft dem Ausdruck

$$W_{S,j_x,v_g}^{Pk} = \sum_{u=1}^{m} W_{u,j_x,v_g}^{Pk}$$

Stellt man Gleichung 1 so um, dass Einnahmen und Ausgaben auf getrennten Seiten stehen, erhält man:

$$\sum_{i=1}^{6} A_{S_1,j_x,v_g}^{Pg_{i.a}} + A_{S_2,j_x,v_g}^{Stk} + A_{S_3,j_x,v_g}^{Stk} + A_{S_3,j_x,v_g}^{Dk} + A_{S_3,j_x,v_g}^{Bk} =$$
$$BAE_{j_x,v_g}^{Pg_{1.a}} + A_{ADL,j_x,v_g}^{Pk} + Krt_{j_x,v_g}^{Pk} + Krz_{j_x,v_g}^{Pk} +$$
$$A_{SFDL,j_x,v_g}^{Pk} + StAb_{j_x,v_g}^{Pk} + \Delta_{j_x,v_g}^{Pk} \quad (11)$$

Die linke Seite in Gleichung 11 ist offensichtlich identisch mit dem Umfang der Warenproduktion W_{S,j_x,v_g}^{Pk}, so dass Gleichung 1 wie folgt geschrieben werden kann:

$$\sum_{u=1}^{m} W_{u,j_x,v_g}^{Pk} - BAE_{j_x,v_g}^{Pg_{1.a}} - A_{ADL,j_x,v_g}^{Pk} - Krt_{j_x,v_g}^{Pk} - Krz_{j_x,v_g}^{Pk} -$$
$$A_{SFDL,j_x,v_g}^{Pk} - Steu_{j_x,v_g}^{Pk} - Svb_{j_x,v_g}^{Pk} = \Delta_{j_x,v_g}^{Pk} \quad (12)$$

Es ist offensichtlich, dass das Bruttoarbeitseinkommen $BAE_{j_x,v_g}^{Pg_{1.a}}$ der Personengruppe $Pg_{1.a}$ gleich der Summe der Bruttoarbeitseinkommen der entsprechenden Personengruppen in den „m" Einzelunternehmen des Produktionskomplexes ist, d.h.

$$BAE_{j_x,v_g}^{Pg_{1.a}} = \sum_{u=1}^{m} BAE_{j_x,v_g}^{Pg_{1.a}^{u}}$$

Ersetzt man auf gleiche Weise alle anderen ökonomischen Parameter in Gleichung 12 durch die Summe der jeweiligen Parameter der Einzelunternehmen erhält man anstelle von Gleichung 1:

$$\sum_{u=1}^{m} W_{u,j_x,v_g}^{Pk} - \sum_{u=1}^{m} BAE_{u,j_x,v_g}^{Pg_{1.a}^{u}} - \sum_{u=1}^{m} A_{u,ADL,j_x,v_g}^{Pk} - \sum_{u=1}^{m} Krt_{u,j_x,v_g}^{Pk} -$$

$$\sum_{u=1}^{m} Krz_{u,j_x,v_g}^{Pk} - \sum_{u=1}^{m} A_{u,SFDL,j_x,v_g}^{Pk} - \sum_{u=1}^{m} StAb_{u,j_x,v_g}^{Pk} = \sum_{u=1}^{m} \delta_{u,j_x,v_g}^{Pk} = \Delta_{j_x,v_g}^{Pk} \quad (13)$$

Folglich ist Δ_{j_x,v_g}^{Pk} als Summe der Differenzen ($\sum_{u=1}^{m} \delta_{u,j_x,v_g}^{Pk}$) zwischen den Einnahmen und Ausgaben aller Unternehmen im Produktionskomplex zu betrachten. Die Differenzen zwischen den Einnahmen und Ausgaben der einzelnen Unternehmen „u", die ich mit δ_{u,j_x,v_g}^{Pk} bezeichne, können größer, kleiner oder gleich Null sein. Ist $\delta_{u,j_x,v_g}^{Pk} > 0$, handelt es sich um den Unternehmensgewinn. Unternehmen mit $\delta_{u,j_x,v_g}^{Pk} = 0$ haben keinen Gewinn erzielt und bleiben auf Dauer nicht wettbewerbsfähig, wenn sie nicht in die Gewinnzone aufsteigen. Verzeichnen Unternehmen auf längere Zeit Verluste, d.h. $\delta_{u,j_x,v_g}^{Pk} < 0$, sind sie nicht wettbewerbsfähig und verschwinden vom Markt. Auf Dauer nicht wettbewerbsfähige Unternehmen werden in den Gleichungen 1, 3 und 5 nicht berücksichtigt. Daraus folgt, dass die Delta's Δ_{j_x,v_g}^{Pk}, Δ_{j_x,v_g}^{Dk} und Δ_{j_x,v_g}^{Bk} für den Produktions-, Dienstleistungs- und Bankenkomplex[3] größer als Null sind und die Gewinne dieser Wirtschaftskomplexe darstellen.

Eine fundamentale Rolle im Zusammenspiel der Wirtschaftskomplexe ist dem Produktionskomplex beizumessen, in dem die Herstellung aller Sachgüter erfolgt, so dass als Quelle der Wertschöpfung die Personengruppe $Pg_{1.a}$ anzusehen ist. Hier ist hervorzuheben, dass nur ein Teil der Einnahmen aus dem Verkauf der Sachgüter ($\sum_{i=1}^{6} A_{S_1,j_x,v_g}^{Pg_{i.a}} + A_{S_2,j_x,v_g}^{Stk} + A_{S_3,j_x,v_g}^{Stk} + A_{S_3,j_x,v_g}^{Dk} + A_{S_3,j_x,v_g}^{Bk}$) für die Bruttoarbeitseinkommen der Personengruppe $Pg_{1,a}$ zur Verfügung steht. Der restliche Erlös aus dem Verkauf dieser Sachgüter fließt

- an den Staatskomplex ($Steu_{j_x,v_g}^{Pk}$, Svb_{j_x,v_g}^{Pk}),

- an den Bankenkomplex (Krt_{j_x,v_g}^{Pk}, Krz_{j_x,v_g}^{Pk}, A_{SFDL,j_x,v_g}^{Pk}),

- in Ausgaben für allgemeine Dienstleistungen (A_{ADL,j_x,v_g}^{Pk}),

- in die Gewinne der Unternehmen im Produktionskomplex (Δ_{j_x,v_g}^{Pk}).

---

[3]Beim Bankenkomplex sind zur Ermittlung des Gewinns die Kredittilgungen aus der Differenz zwischen den Einnahmen und Ausgaben herauszurechnen, d.h.: $\delta_{j_x,v_g}^{Bk} - \sum_{i=1}^{6} Krt_{j_x,v_g}^{Pg_{i.a}} - Krt_{j_x,v_g}^{Pk} - Krt_{j_x,v_g}^{Dk} - Krt_{j_x,v_g}^{Stk} = \Delta_{j_x,v_g}^{Bk}$

Ein ähnliches Bild ergibt sich für den Dienstleistungs- und Bankenkomplex. Im Unterschied zum Produktionskomplex wird hier keine Wertschöpfung vollzogen.

In einer Gesellschaft, deren Volkswirtschaft auf arbeitsteiligen Prozessen beruht, wird also nur ein Teil der zu den Privathaushalten zählenden Personen benötigt, um die Sachgüter S_1 bis S_3 zur Deckung des realen Inlandsbedarfs[4] zu erzeugen. Die materielle Existenzgrundlage einer geschlossenen Volkswirtschaft ist folglich die Wertschöpfung durch die Personengruppe $Pg_{1.a}$.

Zu dem Delta für den Staatskomplex (s. Gleich. 7)

Die Differenz zwischen Einnahmen und Ausgaben im Staatskomplex kann größer, kleiner oder auch gleich Null sein. Ist Delta größer als Null, spricht man von einem Haushaltsüberschuss. Ist Delta gleich Null, handelt es sich um einen ausgeglichenen Staatshaushalt. Bei Delta kleiner als Null ist der Staatskomplex verschuldet.

Zu den Delta's für die Personengruppen $Pg_{1.a}$ bis $Pg_{6.a}$

Jeder Parameter in den Gleichungen 2, 4, 6, 8, 9 und 10 kann als Summe der jeweiligen personenbezogenen Parameter aufgefasst werden. Entsprechend setzen sich die Delta's $\Delta_{j_x,v_g}^{Pg_{i.a}}$ (für i=1 bis 6) aus der Summe der Differenzen zwischen den Einnahmen und Ausgaben der in die jeweilige Personengruppe einbezogenen Personen zusammen. Zur Vereinfachung gehe ich davon aus, dass alle Personen in den Personengruppen $Pg_{1.a}$ bis $Pg_{6.a}$ ihren finanziellen Verbindlichkeiten nachkommen und die Differenzen zwischen ihren Einnahmen und Ausgaben größer oder gleich Null sind. Unter diesen Bedingungen kann man davon ausgehen, dass die Delta's für die Personengruppen $Pg_{1.a}$ bis $Pg_{6.a}$ größer als Null sind. Diese Delta's betrachte ich als Ansparungen.

Unter Beachtung der obigen Erläuterungen zu den Delta's können die Gleichungen 1 bis 10 als in sich konsistent betrachtet werden, d.h. man kann die Wirtschaftseinheiten sinnvoll zu Wirtschaftskomplexen zusammenfassen.

Unternehmensgewinne können unter Beachtung der jeweils zutreffenden gesetzlichen Regelungen

- für die Erweiterung und Steigerung des Leistungspotentials der Unternehmen eingesetzt werden,

---

[4]Es ist zweckmäßig zwischen realem und fiktivem Inlandsbedarf zu unterscheiden. Der reale Inlandsbedarf widerspiegelt den Bedarf an Sachgütern, für deren Kauf die erforderlichen finanziellen Mittel bei den Käufern vorhanden sind. Im Gegensatz dazu ist der fiktive Inlandsbedarf ein Wunschbedarf, der real vorhanden ist, aber nicht befriedigt werden kann, weil die dazu erforderlichen finanziellen Mittel bei den potentiellen Käufern fehlen.

- gewinnbringend als Kapital der Unternehmen in unterschiedlichen Anlageformen Verwendung finden,

- in Privateigentum der Unternehmer umgewandelt werden.

Ansparungen der Personengruppen können

- in den Privathaushalten als Zahlungsmittel verbleiben,

- gewinnbringend in unterschiedlichen Anlageformen angelegt werden,

- für private Zwecke ausgegeben werden.

Die Systemgleichungen 1 bis 10 für eine geschlossene Volkswirtschaft (SGL_g) sind eng miteinander verbunden. Was für die einen Wirtschaftskomplexe Ausgaben sind, stellt sich für die anderen als Einnahmen dar, so dass die Summe aller Einnahmen und Ausgaben für die Gesamtheit aller Wirtschaftskomplexe in einer geschlossenen Volkswirtschaft Null sein muss. Die Parameter der Wirtschaftskomplexe sind folglich über die Finanzströme so miteinander verkoppelt, dass über die Änderung einzelner ökonomischer Parameter eine gezielte Beeinflussung der Entwicklung einer geschlossenen Volkswirtschaft möglich ist. Diesen Sachverhalt möchte ich anhand eines Haushaltsdefizits ($\Delta_{j_x,v_g}^{Stk} < 0$) beispielhaft erläutern.

Zur Beseitigung des Defizits im Staatshaushalt können durch den Staatskomplex u.a. folgende Maßnahmen ergriffen werden:

1. Aufnahme von Krediten bei Banken in Höhe des Haushaltsdefizit.

   Auswirkungen dieser Maßnahme:

   - Die Volkswirtschaft kann einen gesicherten Reproduktionsprozess vollziehen.

   - Der Staatskomplex verschuldet sich zusätzlich, so dass erhöhte Kredittilgungen und Kreditzinsen fällig werden. Gelingt es nicht in den Folgejahren einen ausgeglichenen Staatshaushalt zu schaffen, wird sich der Staatskomplex immer mehr verschulden.

2. Erhöhung der staatlichen Abgaben, Reduzierung der staatlichen Ausgaben für die Sachgüter S_2 und S_3, Kürzung der Ausgaben für das Bildungs-, Gesundheits- und Sozialwesen sowie Senkung des Personalbestandes im Staatskomplex.

Auswirkungen dieser Maßnahmen:

- Rückgang der Kaufkraft,

- Freisetzung von Arbeitskräften,

- Verschlechterung der Leistungen im Bildungs-, Gesundheits- und Sozialwesen,

- Absenkung der Lebensqualität für die ärmeren Schichten der Bevölkerung.

4 Die Entwicklungstendenz einer geschlossenen Volkswirtschaft

4.1 Festlegung von Wirtschafts- und Sozialparametern zur Definition eines Bezugssystems

Die Volkswirtschaft ist ein sozio-ökonomisches System, dessen Zustand auf das Zusammenwirken von ökonomischen und sozialen Sachverhalten zurückzuführen ist. Zur Vergleichbarkeit unterschiedlicher sozio-ökonomischer Zustände habe ich folgende Wirtschafts- und Sozialparameter ausgewählt, die ich zur Festlegung eines Bezugssystems zwecks Bewertung der Veränderungen volkswirtschaftlicher Zustände benötige:

4.1.1 Wirtschaftsparameter

- Alle Parameter in den SGL_g

- Arbeitsproduktivität

  Die Entwicklung der Arbeitsproduktivität ist von fundamentaler Bedeutung für die Wettbewerbsfähigkeit von Unternehmen und ganzer Volkswirtschaften. Für die weiteren ökonomischen Betrachtungen definiere ich die Arbeitsproduktivität bei der Herstellung eines beliebigen Sachgutes Sg_i im Jahre j_x folgendermaßen:

$$AP_{j_x}^{Sg_i} = \frac{M_{j_x}^{Sg_i}}{t_{j_x}^{Sg_i}} = \frac{M_{j_x}^{Sg_i}}{Z_{j_x}^{Sg_i} \cdot C_{j_x}^{Sg_i} \cdot D_{j_x}^{Sg_i}} \tag{14}$$

Darin sind:

$M_{j_x}^{Sg_i}$ - Jahresproduktion des Sachgutes Sg_i in Stück, Gewichts- bzw. Volumeneinheiten.

t^{Sg_i} - Gesamtarbeitszeit, die in der Wertschöpfungskette[5] zur Herstellung der Jahresproduktion $M_{j_x}^{Sg_i}$ benötigt wird.

$Z_{j_x}^{Sg_i}$ - Anzahl der Arbeitskräfte, die in der Wertschöpfungskette an der Jahresproduktion $M_{j_x}^{Sg_i}$ beteiligt sind.

$C_{j_x}^{Sg_i}$ - Anzahl der Arbeitstage pro Jahr.

$D_{j_x}^{Sg_i}$ - Dauer des Arbeitstages.

$AP_{j_x}^{Sg_i}$ - Arbeitsproduktivität bei der Herstellung einer Jahresproduktion des Sachgutes Sg_i in Menge/Zeiteinheit.

---

[5]Gesamtheit der Unternehmen, die an der materiellen Realisierung eines Sachgutes beteiligt sind

Stellt man Gleichung 14 nach $Z_{j_x}^{Sg_i}$ um, erhält man für die Gesamtanzahl der Arbeitskräfte $Z_{j_x}^{Pk}$, die im Produktionskomplex an der Herstellung aller Sachgüter beteiligt sind, folgenden Ausdruck:

$$Z_{j_x}^{Pk} = \sum_{i=1}^{n} Z_{j_x}^{Sg_i} = \sum_{i=1}^{n} \frac{M_{j_x}^{Sg_i}}{AP_{j_x}^{Sg_i} \cdot C_{j_x}^{Sg_i} \cdot D_{j_x}^{Sg_i}} \quad (15)$$

Die Gleichungen 14 und 15 gelten gleichermaßen für eine geschlossene bzw. offene Volkswirtschaft.

Aus den Gleichungen ist ersichtlich, dass sich die Arbeitsproduktivität umgekehrt proportional zur Anzahl der benötigten Arbeitskräfte verhält. Bei steigender Arbeitsproduktivität werden folglich weniger Arbeitskräfte für die Herstellung der gleichen Sachgütermengen $M_{j_x}^{Sg_i}$ benötigt, wenn die Größen $C_{j_x}^{Sg_i}$ und $D_{j_x}^{Sg_i}$ konstant bleiben. Aus Gleichung 15 resultiert weiterhin, dass die Einführung wissenschaftlich-technischer und technologischer Maßnahmen insbesondere dann starke Auswirkungen auf den Arbeitskräftebedarf hat, wenn durch diese Maßnahmen eine Steigerung der Arbeitsproduktivität in sehr vielen Unternehmen des Produktionskomplexes auf gleiche oder ähnliche Weise innerhalb eines kurzen Zeitabschnittes erfolgen kann.

Die Gesamtheit der einzelnen Arbeitsproduktivitäten bei der Herstellung aller Sachgüter im Produktionskomplex $(AP_{j_x}^{Sg_1}, AP_{j_x}^{Sg_2}...AP_{j_x}^{Sg_n})$ bezeichne ich zukünftig als Arbeitsproduktivität des Produktionskomplexes $AP_{j_x}^{Pk}$.

4.1.2 Sozialparameter

- Zuordnung der Privathaushalte zu Einkommens- und Vermögenskategorien

Zur Bewertung der Verteilung der Einkommen und Vermögen habe ich alle Privathaushalte folgenden Einkommens- und Vermögenskategorien (EVK's) zugeordnet:

EVK_1- Privathaushalte mit hohem Einkommen und/oder Vermögen[6] , die nicht auf eine Erhöhung des Einkommens angewiesen sind, um mehr für In-

---

[6]

- Das Eigentum umfasst alle materiellen und finanziellen Werte, die einem Eigentümer gehören.
- Das Vermögen (VM) ist die Summe aller materiellen und finanziellen Werte in Geld ausgedrückt, über die ein Eigentümer verfügt.
- Zum Einkommen (EK) zählen finanzielle Zuflüsse auf Grund von Arbeitsleistungen und/oder Vermögen (z.B. Bruttoarbeitseinkommen für geleistete Arbeit, Einkommen aus Kapitalanlagen)

dividualgüter und/oder Dienstleistungen ausgeben zu können. Ansparungen sind in der Regel nicht erforderlich, um größere Anschaffungen zu tätigen. Für eine jede Person in diesen Privathaushalten besteht die uneingeschränkte Möglichkeit der individuellen Teilhabe am gesellschaftlichen, kulturellen und politischen Leben. Insbesondere ist für jede heranwachsende Person eine exklusive schulische, berufliche und kulturelle Entwicklung je nach Wunsch finanziell gesichert, ohne dass sich deshalb andere Personen einschränken müssen. Die Summe der Privathaushalte in dieser EVK sei $Z^H_{EVK_1,j_x}$.

EVK_2- Privathaushalte mit mittlerem Einkommen. In der Regel sind Ansparungen für größere Anschaffungen bzw. teure Dienstleistungen erforderlich. Eine Erhöhung des Einkommens führt bei vielen dieser Privathaushalte zu dauerhaft höheren Ausgaben für Individualgüter und/oder Dienstleistungen. Eine individuellen Teilhabe am gesellschaftlichen, kulturellen und politischen Leben ist in der Regel möglich. Für heranwachsende Personen kann die gesellschaftlich übliche schulische, berufliche und kulturelle Entwicklung finanziell gesichert werden. Dabei nehmen andere Personen dieser Privathaushalte häufig finanzielle und materielle Einschränkungen in Kauf. Armut ist in diesen Privathaushalten nicht zu verzeichnen, auch wenn es mitunter knapp zugeht. Die Summe der Privathaushalte in dieser EVK sei $Z^H_{EVK_2,j_x}$.

EVK_3- Privathaushalte mit niedrigem Einkommen. Häufig reicht das Einkommen für die materielle Existenzsicherung (wohnen, essen, kleiden) nicht aus. Eine individuellen Teilhabe am gesellschaftlichen, kulturellen und politischen Leben ist in der Regel nicht möglich. Nennenswerte Ansparungen sind nicht zu verzeichnen. Für heranwachsende Personen ist die Chancengleichheit hinsichtlich schulischer, beruflicher und kultureller Entwicklung finanziell nicht abgesichert. Viele der Haushalte leben in ärmlichen Verhältnissen. Die Summe der Privathaushalte in dieser Einkommenskategorie sei $Z^H_{EVK_3,j_x}$. Zu diesen Privathaushalten zählen z.B. Geringverdiener, Arbeitslose und Sozialhilfeempfänger und deren Familienangehörige.

- Vermögenskennziffern der Privathaushalte

    $VM^{H_i,EVK_l}_{j_x}$ - Vermögen eines Privathaushaltes (H_i) in der EVK_l; $i = 1, 2, 3...n_l$; l=1,2,3

    $\sum^{n_l}_{i=1} VM^{H_i,EVK_l}_{j_x}$ - Gesamtvermögen aller Privathaushalte (H_i) in der EVK_l

    $\emptyset VM^{H,EVK_l}_{j_x}$ - durchschnittliches Vermögen der Privathaushalte in der EVK_l: l=1,2,3

$\emptyset \Delta V M_{j_x}^{H,EVK_l}$ - durchschnittlicher Vermögenszuwachs der Privathaushalte in der EVK_l; l=1,2,3

- Arbeitslosigkeit in %

4.2 Definition eines Bezugssystems zur Bewertung unterschiedlicher sozio-ökonomischer Zustände der Volkswirtschaft

Eine definierte Gesamtheit von Wirtschaftsparametern und deren Größenverhältnisse zueinander bezeichne ich als Wirtschaftsparameterkonfiguration, die den ökonomischen Zustand einer Volkswirtschaft kennzeichnet. Entsprechend kennzeichnet eine Sozialparameterkonfiguration die soziale Situation in einer Volkswirtschaft.

Eine Volkswirtschaft befindet sich im ökonomischen Gleichgewicht, wenn für die Delta's der Wirtschaftskomplexe die Beziehungen

$$\Delta_{j_x,v_g}^{Pk} > 0 \qquad \Delta_{j_x,v_g}^{Dk} > 0 \qquad \Delta_{j_x,v_g}^{Bk} > 0 \qquad \Delta_{j_x,v_g}^{Pg_{i.a}} > 0 \qquad \Delta_{j_x,v_g}^{Stk} \geq 0$$

gelten. Entscheidend für das volkswirtschaftliche Gleichgewicht ist ein ausgeglichener Staatshaushalt bzw. ein Haushaltsüberschuss, d.h. $\Delta_{j_x,v_g}^{Stk} \geq 0$. Die anderen Delta's sind, wie ich bereits gezeigt habe, immer größer als Null.

Es ist offensichtlich, dass die Anzahl der möglichen Wirtschaftsparameterkonfigurationen, bei denen sich eine Volkswirtschaft im ökonomischen Gleichgewicht befindet, unbegrenzt ist. Genauso plausibel ist es, dass in der Realität nur jene Wirtschaftsparameterkonfigurationen zum tragen kommen, auf deren Grundlage Sozialparameterkonfigurationen realisierbar sind, die durch die Gesellschaft mehrheitlich akzeptiert werden. Den sozio-ökonomischen Zustand einer Gesellschaft, deren Volkswirtschaft sich im ökonomischen Gleichgewicht befindet, bezeichne ich als stabile Systemlage, wenn die jeweilige Wirtschafts- und Sozialparameterkonfiguration zumindest gesamtgesellschaftlich akzeptierte Minimalanforderungen erfüllt.

Für den Fall, dass die Ungleichung $\Delta_{j_x,v_g}^{Stk} < 0$ gilt, muss sich der Staatskomplex verschulden. Eine Volkswirtschaft mit verschuldetem Staatskomplex befindet sich nicht mehr im ökonomischen Gleichgewicht, weil die Einnahmen aus staatlichen Abgaben geringer sind als die notwendigen Ausgaben im Staatshaushalt. Durch die Aufnahme von Krediten kann wiederum ein ökonomisches Gleichgewicht mit einer Wirtschafts- und Sozialparameterkonfiguration herbeigeführt werden, das zumindest den gesellschaftlich akzeptierten Minimalanforderungen an den sozio-ökonomischen Zustand der Gesellschaft gerecht wird. Den sozio-ökonomischen Zustand einer Gesellschaft, deren Volkswirtschaft sich im ökonomischen Gleichgewicht erst infolge einer notwendigen Verschuldung des Staatshaushalts befindet, bezeichne ich als metastabile Systemlage.

Ein Verzicht auf eine notwendige Verschuldung des Staatshaushaltes zieht den Übergang der Volkswirtschaft in einen neuen sozio-ökonomischen Zustand mit einer veränderten Wirtschafts- und Sozialparameterkonfiguration nach sich, in der die gesamtgesellschaftlich akzeptierten Minimalanforderungen an das gesellschaftliche Zusammenleben eventuell nicht mehr erfüllt werden können.

Geht man davon aus, dass die Anzahl der Wirtschafts- und Sozialparameterkonfigurationen einer im ökonomischen Gleichgewicht befindlichen Volkswirtschaft unbegrenzt ist, könnte man vermuten, dass davon zumindest eine Wirtschafts- und Sozialparameterkonfiguration so beschaffen sein kann, dass für jede Person in der Gesellschaft die uneingeschränkte Möglichkeit der individuellen Teilhabe am gesellschaftlichen, kulturellen und politischen Leben besteht und nicht nur eine gleichartige Reproduktion des sozio-ökonomischen Zustandes stattfindet, sondern perspektivisch auch eine Verbesserung der Arbeits- Lebens- und Verteilungsverhältnisse für alle Mitglieder des Gemeinwesens gewährleistet ist, ohne der Gleichmacherei das Wort zu reden.

Woran liegt es, dass dieses erstrebenswerte Ziel in keiner Gesellschaft bisher erreicht wurde? Sind die Ursachen dafür subjektiver und/oder objektiver Art? Die Beantwortung dieser Fragestellungen läuft darauf hinaus die Entwicklungstendenz einer Volkswirtschaft in Abhängigkeit von den jeweiligen volkswirtschaftlichen Rahmenbedingungen, unter denen eine Wirtschafts- und Sozialparameterkonfiguration zum tragen kommt, vorhersagen zu können.

Zur Analyse und Bewertung der Entwicklungstendenz einer geschlossenen Volkswirtschaft ist die Festlegung einer definierten stabilen Systemlage als Bezugssystem erforderlich, um Veränderungen in der Wirtschafts- und Sozialparameterkonfiguration im Ergebnis volkswirtschaftlicher Prozesse deutlich zu machen. Zusätzlich dazu sind ökonomische und soziale Rahmenbedingungen festzulegen, unter denen sich die Entwicklung der Volkswirtschaft in einem bestimmten Zeitraum vollzieht. Unter Rahmenbedingungen verstehe ich eine Gesamtheit von ökonomischen und sozialen Begleitumständen, die die Entwicklungstendenz einer Volkswirtschaft wesentlich bestimmen.

Jeder Analyse einer volkswirtschaftlichen Entwicklungstendenz werde ich deshalb ausgewählte Wirtschafts- und Sozialparameter eines Referenzjahres j_r und die jeweils zutreffenden Rahmenbedingungen zugrunde legen.

Die stabile Systemlage einer Volkswirtschaft sei im Jahre j_r, das ich als Referenzjahr bezeichne, durch folgende Wirtschafts- und Sozialparameter gekennzeichnet:

4.2.1 Wirtschaftsparameter des Bezugssystems

1. Es gelten die SGL_g für das Jahr j_r.

2. Die Volkswirtschaft befindet sich mit $\Delta_{j_r,v_g}^{Stk} \geq 0$ im ökonomischen Gleichgewicht.

3. Die Arbeitsproduktivität des Produktionskomplexes ist gleich AP_{j_r,v_g}^{Pk}.

4.2.2 Sozialparameter des Bezugssystems

1. Die Privathaushalte werden den oben genannten Einkommens- und Vermögenskategorien zugeordnet. Dabei gilt für die Anzahl der Privathaushalte in den EVK's die Ungleichung:

$$Z_{EVK_1,j_r}^H \ll Z_{EVK_2,j_r}^H + Z_{EVK_3,j_r}^H$$

2. Für die durchschnittlichen Vermögen der Privathaushalte in den EVK's gelten folgende Beziehungen:

$$\emptyset VM_{EVK_1,j_r}^H > \emptyset VM_{EVK_2,j_r}^H > \emptyset VM_{EVK_3,j_r}^H$$

3. Für die Arbeitslosigkeit in % steht der Ausdruck $AL_{j_r}\%$.

Die Gesamtheit der Wirtschafts- und Sozialparameter in den Punkten 4.2.1 und 4.2.2 bilden das Bezugssystem für die Analyse der Entwicklungstendenzen einer geschlossenen Volkswirtschaft.

4.2.3 Definition der Rahmenbedingungen für einen Zeitraum $T_{j_r}^{j_n}$

1. Die Entwicklungstendenz der Volkswirtschaft wird im Zeitraum zwischen den Jahren j_r und j_n untersucht, den ich mit $T_{j_r}^{j_n}$ bezeichne.

2. Der Zeitraum beginnt mit dem Anfang des Jahres j_r und endet am Ende des Jahres j_n. Der Zeitraum erstreckt sich über mehrere Jahre.

3. Die Arbeitsproduktivität des Produktionskomplexes (AP_{j_r,v_g}^{Pk}) bleibt unverändert . Es sind keine nennenswerten Innovationen in den Produktions-, Dienstleistungs-, Arbeits- und Organisationsprozessen zu verzeichnen.

4. Das Angebot bei Sachgütern und Dienstleistungen bleibt in der gleichen Größenordnung erhalten.

5. Die Zinssätze für Kredite sowie die Beitragssätze für staatliche Abgaben bleiben konstant.

6. Die Zinssätze für Geld- und Kapitalanlagen bleiben auf gleichem Niveau.

7. Die Unternehmensgewinne werden komplett in persönliches Eigentum der Unternehmer umgewandelt und ebenso wie Ansparungen der Personengruppen gewinnbringend in unterschiedlichen Anlageformen angelegt.

8. Die Arbeitseinkommen bleiben auf gleichem Niveau.

9. Die Renten und Pensionen sowie das Arbeitslosengeld und die Sozialhilfeleistungen bleiben unverändert.

10. Die Produktionskapazitäten zur Herstellung der Sachgüter werden nicht voll ausgelastet.

11. Der reale Bedarf an Sachgütern und Dienstleistungen wird jederzeit vollständig gedeckt.

12. Die Austauschprozesse bei Sachgütern und Dienstleistungen regeln sich über Angebot und Nachfrage.

13. Die Volkswirtschaft ist eine profitorientierte Marktwirtschaft, d.h. die Unternehmen versuchen einen Maximalgewinn bei einer Minimierung der Kosten zu erzielen.

4.2.4 Die Entwicklungstendenz einer geschlossenen Volkswirtschaft im Zeitraum $T_{j_r}^{j_n}$

- Die Volkswirtschaft wird jährlich auf dem Niveau des Referenzjahres j_r reproduziert. Ein Wirtschaftswachstum bleibt aus.

- Die Preise für Sachgüter und Dienstleistungen bleiben unverändert.

- Für den durchschnittlichen Vermögenszuwachs der Privathaushalte in den EVK's gelten folgende Beziehungen:

$$\emptyset\Delta V M_{EVK_1,j_r}^H > \emptyset\Delta V M_{EVK_2,j_r}^H \qquad \emptyset\Delta V M_{EVK_3,j_r}^H \approx 0$$

Dieser Sachverhalt erklärt sich daraus, dass

- von den jährlichen Unternehmensgewinnen in erster Linie nur Privathaushalte der EVK_1 profitieren.

- Privathaushalte, die zur EVK_1 gehören, über die höchsten Bruttoarbeitseinkommen verfügen, und deshalb auch die höchsten Ansparungen tätigen können.

- die Privathaushalte der EVK_1 die höchsten gewinnbringenden Einlagen bei Banken tätigen können.

- für die Anzahl der Privathaushalte in den EVK's folgende Ungleichung gilt:

$$Z^H_{EVK_1,j_r} \ll Z^H_{EVK_2,j_r} + Z^H_{EVK_3,j_r}$$

- bei vielen der Privathaushalte in der EVK_2 und EVK_3 keine oder nur geringe Ansparungen im Verhältnis zu den Privathaushalten in der EVK_1 anfallen.

- Die prozentuale Verteilung der Privathaushalte auf die EVK's bleibt konstant.

- Die Arbeitslosigkeit bzw. Langzeitarbeitslosigkeit bleibt unverändert.

Das Einzige was sich im Zeitraum $T^{j_n}_{j_r}$ ändert ist, dass der durchschnittliche Vermögenszuwachs der Privathaushalte in der EVK_1 wesentlich stärker vonstatten geht als in der EVK_2. Diese Tendenz hält an, solange die Rahmenbedingungen für den Zeitraum $T^{j_n}_{j_r}$ gelten.

In Abhängigkeit von der Höhe der Unternehmensgewinne, des Umfangs der Ansparungen, der Höhe der Gewinne aus gewinnbringenden Anlageformen sowie der Dauer des Zeitraumes $T^{j_n}_{j_r}$ kann es ab einem bestimmtem Zeitpunkt dazu kommen, dass das Gesamtvermögen der Privathaushalte in der EVK_1 größer wird als die Summe der Gesamtvermögen der Privathaushalte in der EVK_2 und EVK_3, d.h.

$$\sum_{i=1}^{n_1} VM^{H_i}_{EVK_1,j(n)} > \sum_{i=1}^{n_2} VM^{H_i}_{EVK_2,j(n)} + \sum_{i=1}^{n_3} VM^{H_i}_{EVK_3,j(n)}$$

Die Eigentumsverhältnisse verschieben sich im Laufe der Zeit immer weiter zu Gunsten der Privathaushalte in der EVK_1, so dass sich die Schere bezüglich der Eigentumsverhältnisse zwischen den EVK's immer weiter öffnet. Diese Tendenz ist aus gesamtgesellschaftlicher Sicht unbefriedigend und führt letztlich zu sozialen Spannungen. Mögliche Lösungswege aus dieser Situation werde ich zu einem späteren Zeitpunkt untersuchen.

Es ist offensichtlich, dass Änderungen in den obigen Rahmenbedingungen, einzeln oder in Kombination, unterschiedliche sozio-ökonomische Auswirkungen nach sich ziehen.

4.2.5 Auswirkung von Änderungen bei den für den Zeitraum $T_{j_r}^{j_n}$ geltenden Rahmenbedingungen auf die Entwicklungstendenz einer geschlossenen Volkswirtschaft

1. **Geänderte Bedingung**: *Die Arbeitsproduktivität im Produktionskomplex wird gegenüber dem Referenzjahr j_r durch Effektivierung der Arbeits-, Produktions- und Organisationsprozesse auf Basis wissenschaftlich-technischer und technologischer Erkenntnisse gesteigert ($\Delta AP_{T_{j_r}^{j_n}, v_g}^{Pk} > 0$). Dazu werden die Unternehmensgewinne im Produktionskomplex ganz oder teilweise in Maßnahmen zur Steigerung der Arbeitsproduktivität investiert.*

Auswirkungen: In einer profitorientierten Marktwirtschaft sind die Unternehmen aus Wettbewerbsgründen gezwungen ihre Unternehmensstrategie auf die Erzielung von Maximalprofit auszurichten. Dieses Ziel wird über die Steigerung der Arbeitsproduktivität, verbunden mit einer Reduzierung der Arbeitskosten auf das notwendige Minimum, erreicht. Dabei sind die Anforderungen des Marktes quantitativ und qualitativ zu erfüllen.

Besteht infolge der Umsetzung wissenschaftlich-technischer und technologischer Maßnahmen die Möglichkeit im Zeitraum $T_{j_r}^{j_n}$ routinemäßig ausführbare handwerkliche und geistige Tätigkeiten, die bisher von Arbeitnehmern wahrgenommen wurden, durch intelligente Maschinen-, Steuerungs- und Robotersysteme erledigen zu lassen, ist mit einem Anstieg der Arbeitsproduktivität in den einzelnen Tätigkeitsbereichen des Produktionskomplexes zu rechnen. Im Dienstleistungssektor verhält es sich ähnlich, da routinemäßig ausführbare Dienstleistungsabläufe zunehmend durch Robotersysteme übernommen werden können.

Wissenschaftlich-technischer Fortschritt und Wachstum der Arbeitsproduktivität unter marktwirtschaftlichen Wettbewerbsbedingungen kennen keinen Stillstand, was in einer geschlossenen Volkswirtschaft in der Tendenz dazu führt, dass die Freisetzung von Arbeitskräften im Zeitraum $T_{j_r}^{j_n}$ solange anhält, bis die Möglichkeiten der Profitoptimierung über die Steigerung der Arbeitsproduktivität und Senkung der Arbeitskosten[7] unter den gegebenen technisch-technologischen und organisatorischen Bedingungen voll ausgeschöpft sind.

Im Ergebnis der Steigerung der Arbeitsproduktivität fallen auf Grund des marktwirtschaftlichen Wettbewerbs die Preise für Sachgüter und Dienstleistungen. Nur wettbewerbsfähige Unternehmen haben eine Überlebenschance in diesem Konkurrenzkampf.

---

[7]Arbeitskosten sind Lohnkosten plus Lohnnebenkosten, wie Sozialversicherungsbeiträge.

Die zunehmende Arbeitslosigkeit im Produktions- und Dienstleistungssektor zieht eine Verringerung der Kaufkraft bei den betroffenen Privathaushalten nach sich, die durch fallende Preise bei Sachgütern und Dienstleistungen nicht ausgeglichen wird. Die Folge ist ein Rückgang der Ausgaben für die Sachgüter S_1 und Dienstleistungen, was wiederum zu einer Reduzierung des Arbeitskräftebedarfs in den genannten Wirtschaftskomplexen und zu einem weiteren Anstieg der Arbeitslosigkeit führt. Der Anstieg der Arbeitslosigkeit führt folglich in einer geschlossenen Volkswirtschaft zu einer Schrumpfung der Warenproduktion.

Die freigesetzten Arbeitskräfte sind der EVK_3 zuzuordnen. Dadurch steigen Ausgaben des Staatskomplexes für Arbeitslose und Sozialhilfeempfänger. Gleichzeitig sinken bei Beibehaltung der Regelungen zur Höhe der staatlichen Abgaben auf Grund der steigenden Arbeitslosigkeit und einer Verringerung der Warenproduktion die Einnahmen des Staatskomplexes aus Steuern und Sozialversicherungsbeiträgen. Wenn der Staatskomplex unter diesen Bedingungen seinen gesamtgesellschaftlichen Aufgaben gerecht werden will, muss er in ausgewählten Ausgabereichen Einsparungen vornehmen und sich ab einem bestimmten Stand der Arbeitslosigkeit verschulden.

Ein Anstieg der Arbeitslosigkeit sowie ein Rückgang des realen Bedarfs an Sachgütern und Dienstleistungen infolge gestiegener Arbeitsproduktivität werden sich solange fortsetzen, bis ein neues ökonomisches Gleichgewicht zwischen Angebot und Nachfrage auf niedrigerem Niveau als im Ausgangsjahr j_r eingetreten ist.

Die beschriebenen Sachverhalte entwickeln sich nach und nach bei steigender Arbeitsproduktivität und sind insbesondere zu verzeichnen, wenn wissenschaftlich - technische und technologische Innovationen sich in weiten Bereichen der Volkswirtschaft durchsetzen. Beispiele dafür sind die Automatisierung der Arbeitsprozesse, der Einsatz der Robotertechnik, die umfassende Digitalisierung der Kommunikationsarten sowie die unternehmensweite Einführung der EDV.

Im Grenzfall ist ein Gemeinwesen denkbar, in dem der gesamte Wertschöpfungsprozess nur noch von wenigen Menschen in der Personengruppe $Pg_{1.a}$ mit Hilfe von Robotern gewährleistet wird. Bei Beibehaltung der Verteilungsmechanismen einer profitorientierten Marktwirtschaft werden der Realbedarf an Sachgütern und Dienstleistungen sowie die staatlichen Abgaben drastisch sinken. Der Lebensstandard für den größten Teil der Bevölkerung wird sich dramatisch verschlechtern. Die Durchsetzung von Hochtechnologien führt in einer geschlossenen profitorientierten Markwirtschaft tendenziell zu sozio-ökonomischen Instabilitäten. Bei der Behandlung offener profitorientierter Marktwirtschaften werde ich zeigen, dass unter diesen Bedingungen ganze Volkswirtschaften auf der Strecke bleiben können.

2. **Geänderte Bedingung**: *Das Angebot bei Sachgütern wird erweitert.*

   Auswirkungen: Im Ergebnis des marktwirtschaftlichen Wettbewerbs und des wissenschaftlich-technischen Fortschritts werden neue Sachgüter entwickelt und für den Markt bereitgestellt. Neue Sachgüter (S^{neu}), die über neue funktionale Eigenschaften verfügen und zusätzlich zu den alten Sachgütern (S^{alt}) gekauft werden, bezeichne ich als Aufstockungssachgüter $S^{Aufst.}$. Im Unterschied dazu bezeichne ich neue Sachgüter als Substitutionssachgüter $S^{Subst.}$, wenn sie alte Sachgüter ersetzen, d.h anstelle alter Sachgüter gekauft werden.

   Die Einführung neuer Sachgüter in Form von Aufstockungssachgütern generiert einen zeitweiligen Wachstumsprozess, auch wenn die Höhe der Arbeitseinkommen, Renten und Pensionen unverändert bleibt, da die Aufstockungssachgüter von Privathaushalten der EVK_1 und z.T. der EVK_2 gekauft werden können, ohne dass diese auf andere Sachgüter verzichten müssen. Werden infolge des volkswirtschaftlichen Wachstums zusätzliche Arbeitskräfte im Produktionskomplex eingestellt, ergibt sich ein zusätzlicher Bedarf an Sachgütern und Dienstleistungen, wodurch der Wachstumsprozess der Volkswirtschaft unterstützt wird. Der Einfluss von Substitutionssachgütern auf den Wachstumsprozess der Volkswirtschaft kann vernachlässigt werden. Das Wachstum der Volkswirtschaft hört auf, sobald der reale Bedarf an Sachgütern und Dienstleistungen gedeckt ist. Je umfangreicher die Warenproduktion einer Volkswirtschaft ist, um so geringer ist der Einfluss von Aufstockungssachgütern auf den Wachstumsprozess.

3. **Geänderte Bedingung**: *Die Arbeitseinkommen, Renten und Pensionen sowie das Arbeitslosengeld und die Sozialhilfeleistungen werden angehoben. Die Produktionskapazitäten zur Herstellung der Sachgüter werden stärker ausgelastet bzw. bei Bedarf auch erweitert.*

   Auswirkungen: Die Steigerung der Einkommen für einkommensschwache Privathaushalte zieht einen Anstieg des Bedarfs an Sachgütern und Dienstleistungen nach sich, so dass die Volkswirtschaft solange wächst, bis Nachfrage und Angebot sich im Gleichgewicht befinden. Gut situierte Privathaushalte sind auf eine Einkommenserhöhung nicht angewiesen, um sich ihre Wünsche erfüllen zu können. Bei diesen Haushalten führt eine Erhöhungen der Einkommen zu einem Anwachsen der Ansparungen. Wachstum führt nicht automatisch zu einer Abnahme der Arbeitslosigkeit, da in vielen Fällen die steigende Nachfrage nach Sachgütern und Dienstleistungen mit den vorhandenen Kapazitäten, die zuvor nicht ausgelastet waren, gedeckt werden kann. Erst wenn diese Kapazitäten voll ausgelastet sind erfolgt der Neubau bzw. die Erweiterung vorhandener Produktionskapazitäten. Dazu werden zusätzliche Arbeitskräfte benötigt, so dass die Arbeitslosigkeit sinkt, die Kaufkraft der Privathaushalte zunimmt und der Bedarf an Sachgütern und Dienstleistungen steigt. Dadurch wächst die Volkswirtschaft solange, bis sich ein Gleichgewicht zwischen Nachfrage und Angebot einstellt. Parallel zu diesem Wachstumsprozess steigt, wenn auch nicht kontinuierlich und zeitlich versetzt, die Arbeitsproduktivität des Produktionskomplexes im Zeitraum $T_{jr}^{j_n}$, infolge dessen Arbeitskräfte freigesetzt werden. Die Steigerung der Einkommen und eine Zunahme der Arbeitsproduktivität im Produktionskomplex haben gegenläufige Auswirkungen auf den Arbeitsmarkt. Während einer Steigerung der Einkommen und folglich auch einer Steigerung des Bedarfs an Sachgütern und Dienstleistungen Grenzen gesetzt sind, steigt unaufhörlich, wenn auch sporadisch und diskontinuierlich, die Arbeitsproduktivität im Produktions- und Dienstleistungskomplex im Ergebnis wissenschaftlich-technischer, technologischer und organisatorischer Maßnahmen, so dass tendenziell eine Zunahme der Arbeitslosigkeit unausweichlich ist.

In einer profitorientierten Marktwirtschaft steht aus Wettbewerbsgründen die Profitmaximierung immer im Zentrum aller wirtschaftlichen Aktivitäten. Dieser objektive Zwang führt dazu, dass die Unternehmen ständig angehalten sind den Hauptkostenfaktor, die menschliche Arbeitskraft, so gering wie möglich zu halten. Im Zusammenhang damit sind die Unternehmen ständig bestrebt den Personalumfang zu reduzieren und die Arbeitseinkommen der Arbeitnehmer zu minimieren. Parallel dazu erhöht sich im Laufe der Zeit die Leistungsfähigkeit der technischen und technologischen Ausrüstungen in den Produktions- und Dienstleistungsprozessen , infolge dessen immer mehr Arbeitskräfte freigesetzt werden. Dieser Prozess setzt sich solange fort, bis die Prozessoptimierung bei der Bereitstellung von Sachgütern und Dienstleistungen abgeschlossen ist. Durch die Freisetzung von Arbeitskräften sinkt die Nachfrage nach Sachgütern und Dienstleistungen und die Volkswirtschaft schrumpft, bis ein Gleichgewicht zwischen Nachfrage und Angebot eintritt. Gleichzeitig verschlechtern sich nach und nach die Lebensbedingungen für viele Menschen, was letztlich zu einem Anwachsen der sozialen Spannungen führt.

Eine Erhöhung der Arbeitseinkommen schmälert die Gewinne der Unternehmen, die natürlich bestrebt sind, die Verluste durch entsprechende Maßnahmen auszugleichen. Maßnahmen dafür sind die Steigerung der Arbeitsproduktivität und die verstärkte Einführung von Substitutionsprodukten. Dabei sind die Anstrengungen der Unternehmen darauf gerichtet Substitutionsprodukte kostengünstiger, mit höherer Arbeitsproduktivität und in vielen Fällen mit einer höheren Qualität bereitzustellen als die abzulösenden Sachgüter. Substitutionsprodukte und Dienstleistungen mit einer höheren Qualität können auf dem Markt zu einem höheren Preis als die abzulösenden Produkten und Dienstleistungen abgesetzt werden. Das führt dazu, dass die Unternehmensgewinne steigen und parallel dazu die Erhöhung der Arbeitseinkommen der Arbeitnehmer nach und nach zunichte gemacht wird.

Da die Anhebung der Renten und Pensionen sowie des Arbeitslosengeldes und der Sozialhilfeleistungen aus den Mitteln des Staatskomplexes erfolgt, muss sich dieser infolge steigender Arbeitslosigkeit ab dem Zeitpunkt verschulden, wenn die Einnahmen aus den staatlichen Abgaben nicht mehr ausreichen, um die notwendigen Ausgaben im Haushaltsplan abzudecken.

Der sich verschärfende Widerspruch zwischen der Optimierung der Wirtschaftsprozesse und einer zunehmenden Verschlechterung der Lebensbedingungen für viele Menschen ist in einer geschlossenen profitorienrierten Marktwirtschaft objektiv bedingt und ohne regulierenden Eingriff des Staatskomplexes in die Art und Weise der Vermögensbildung in der Gesellschaft nicht lösbar. Die Systemlage der Volkswirtschaft wird zunehmend instabil.

4. **Geänderte Bedingung**: *Erhöhung der staatlichen Abgaben*

Auswirkungen: Staatliche Abgaben bilden die finanzielle Grundlage für die Wahrnehmung gesamtgesellschaftlicher Aufgaben durch den Staatskomplex, die im Haushaltsplan festgeschrieben werden. Wünschenswert ist ein ausgeglichener Haushalt, in dem sich Einnahmen und Ausgaben decken. Der Haushaltsplan ist den jeweiligen gesamtgesellschaftlichen Anforderungen in Struktur und Umfang anzupassen. Reicht dafür die Höhe der staatlichen Abgaben nicht aus, muss sich der Staatskomplex verschulden, wenn eine Erhöhung der staatlichen Abgaben ausgeschlossen wird.

Eine Erhöhung der staatlichen Abgaben wirkt sich auf die Wirtschaftskomplexe sehr unterschiedlich aus. Bei den Privathaushalten führt eine Erhöhung der staatlichen Abgaben in den Einkommens- und Vermögenskategorien EVK_2 und EVK_3 zu einer Minderung der Nachfrage bei Sachgütern und Dienstleistungen, infolgedessen die Warenproduktion und der Umfang der Dienstleistungen sinkt und folglich Arbeitskräfte freigesetzt werden. Gleichzeitig sinken die Einnahmen des Staatskomplexes aus staatlichen Abgaben, die durch alle Wirtschaftskomplexe zu entrichten sind. Eine Anhebung der staatlichen Abgaben, von der auch die Privathaushalte der EVK_2 und EVK_3 betroffen sind, hat folglich negative Auswirkungen auf die volkswirtschaftliche Entwicklung.

Erhöht man nur die staatlichen Abgaben für die Wirtschaftskomplexe PK, Dk und Bk, werden die Gewinne der Unternehmen geschmälert, ohne dass dadurch die Leistungsfähigkeit der Unternehmen und die Nachfrage nach Sachgütern und Dienstleistungen sinkt. Dabei darf die Anhebung der staatlichen Abgaben nur in einem solchen Umfang erfolgen, dass der Reproduktions- und Wachstumsprozess der Unternehmen nicht gefährdet wird und die Eigentümer der Unternehmen an einer Weiterführung der Unternehmen noch interessiert sind. Es steht außer Zweifel, dass ein Absinken der Unternehmensgewinne infolge steigender staatlicher Abgaben zumindest zeitweilig zu einer Absenkung der Vermögenszuwächse der Eigentümer der Unternehmen führt. Einer Erhöhung der staatlichen Abgaben nur für Unternehmen sind folglich Grenzen gesetzt, wenn das Wirtschaftsgeschehen aufrecht erhalten bleiben soll. Die zusätzlichen Einnahmen des Staatskomplexes aus der Erhöhung der staatlichen Abgaben für die Wirtschaftskomplexe Pk, Dk und Bk können auf vielfältige Weise für die Stabilisierung und Weiterentwicklung der Volkswirtschaft, z.B. im Bildungs- und Gesundheitswesen oder auch im sozialen Wohnungsbau eingesetzt werden.

5. **Geänderte Bedingung**: *Veränderung des Zinsniveaus*

Auswirkungen: Bekanntlich lässt sich über das Zinsniveau die Aufnahme von Krediten beeinflussen. Eine Absenkung der Zinsen ermöglicht es Privathaushalten mehr für Sachgüter und Dienstleistungen auszugeben. Die steigende Nachfrage bei Sachgütern und Dienstleistungen führt zu einer Anhebung der Warenproduktion und des Dienstleistungsumfangs. Kann die Nachfrage mit den vorhandenen Kapazitäten abgedeckt werden, tritt keine Änderung am Arbeitsmarkt ein. Falls erforderlich, werden die Produktions- und Dienstleistungskapazitäten erweitert, was mit einer Reduzierung der Arbeitslosigkeit einhergeht. Parallel dazu steigen die staatlichen Abgaben, was dem Haushaltsplan zugute kommt. Die eventuell notwendige Aufnahme von Krediten zur Erweiterung der Produktions- und Dienstleistungskapazitäten wird durch eine niedriges Zinsniveau unterstützt. Die Volkswirtschaft wächst durch diese Maßnahmen, bis sich Nachfrage und Angebot ausgleichen. Infolge der Steigerung der Arbeitsproduktivität im Produktions- und Dienstleistungskomplex werden jedoch ab einem bestimmten Zeitpunkt Arbeitskräfte freigesetzt, so dass tendenziell die Arbeitslosigkeit steigt.

Eine Anhebung des Zinsniveaus drosselt ein Wachstum der Volkswirtschaft.

4.2.6 Grenzen des volkswirtschaftlichen Wachstums in einer geschlossenen Volkswirtschaft

Den Betrachtungen in diesem Abschnitt lege ich zwei geschlossene profitorientierte Marktwirtschaften V_{g1} und V_{g2} zugrunde, in denen der reale Bedarf an nachgefragten Sachgütern und Dienstleistungen jederzeit gedeckt werden kann und deren stabile Systemlage im Jahre j_r durch die Wirtschafts- und Sozialparameterkonfiguration des Bezugssystems und die Rahmenbedingungen für den Zeitraum $T_{j_r}^{jn}$ gekennzeichnet ist (s. Seite 21). Weiterhin setze ich voraus, dass

- die Bevölkerungszahl in beiden Volkswirtschaften groß ist,

- das Angebot an Sachgütern und Dienstleistungen in der Volkswirtschaft V_{g1} so groß ist, dass die Einführung von Aufstockungssachgütern auf das Wachstum der Volkswirtschaft vernachlässigt werden kann,

- das Angebot an Sachgütern und Dienstleistungen in der Volkswirtschaft V_{g2} im Verhältnis zur V_{g1} gering ist,

- in beiden Volkswirtschaften mit den vorhandenen materiellen und personellen Kapazitäten im Produktionskomplex und im Dienstleistungssektor auch ein Teil des fiktiven Bedarfs an vorhandenen Sachgütern und Dienstleistungen gedeckt werden könnte, ohne Kapazitätserweiterungen vornehmen zu müssen,

- eine Deckung des fiktiven Bedarfs bei Beibehaltung der Rahmenbedingungen für den Zeitraum $T_{j_r}^{jn}$ ausgeschlossen ist, da die einkommensschwachen Privathaushalte in der EVK_3 und z.T. in der EVK_2 nicht über die erforderlichen finanziellen Mittel verfügen.

Beide Volkswirtschaften befinden sich folglich in einem Gleichgewichtszustand hinsichtlich Angebot und Nachfrage ohne Aussicht auf Wachstum, wenn sich an den Rahmenbedingungen $T_{j_r}^{jn}$ nichts ändert.

Ein Wachstum der Volkswirtschaft hat zur Voraussetzung, dass der reale Bedarf an Sachgütern und Dienstleistungen auf ein höheres Niveau dauerhaft ansteigt, was durch folgende Maßnahmen erreicht werden kann:

- Einführung neuer Aufstockungssachgüter $S^{Aufst.}$ und neuer Dienstleistungen,

- Anhebung der Einkommen für einkommensschwache Privathaushalte,

- Senkung der staatlichen Abgaben,

- Senkung des Zinsniveaus für Kredite,

- Erhöhung der Ausgaben des Staatskomplexes für die Sachgüter S_2 und gemeinnützige Dienstleistungen (z.B. Gesundheitswesen, Bildung).

Den Einfluss dieser Maßnahmen auf den Wachstumsprozess der Volkswirtschaft V_{g_1} habe ich bereits behandelt.

Anders gestaltet sich der Einfluss der Aufstockungssachgüter in der Volkswirtschaft V_{g_2}. Das Verhältnis der Aufstockungssachgüter $S^{Aufst.}$ zu bereits vorhandenen Sachgütern S^{alt} ist in der Volkswirtschaft V_{g_2} viel größer als in der V_{g_1}, d.h. $\frac{S^{Aufst.}_{V_{g_2}}}{S^{alt}_{V_{g_2}}} \gg \frac{S^{Aufst.}_{V_{g_1}}}{S^{alt}_{V_{g_1}}}$, so dass die Volkswirtschaft V_{g_2} bei der Einführung neuer Sachgüter viel schneller wächst als die Volkswirtschaft V_{g_1}. Zunächst werden die Aufstockungssachgüter von den Privathaushalten in den Einkommens- und Vermögenskategorien EVK_1 und EVK_2 erworben, was eine Mehrbeschäftigung nach sich zieht. Infolge der Mehrbeschäftigung steigt ebenfalls die Nachfrage bei Sachgütern und Dienstleistungen. Die Anzahl der Arbeitslosen sinkt; gleichzeitig steigen die Einnahmen des Staatskomplexes aus den staatlichen Abgaben. Der Staatskomplex wird in die Lage versetzt mehr für die Sachgüter S_2 und S_3 auszugeben, was ebenfalls den Wachstumsprozess der Volkswirtschaft und die Zunahme der Anzahl der Beschäftigten unterstützt. Dieser Wachstumsprozess wird sich solange fortsetzen, bis ein Gleichgewicht zwischen Angebot und Nachfrage bei allen Sachgütern und Dienstleistungen eintritt. Mit dem mengen- und sortimentsmäßigen Wachstum der Volkswirtschaft wird mit der Zeit der Anteil der Aufstockungssachgüter und neuen Dienstleistungen am Gesamtumfang der bereitgestellten Sachgüter und Dienstleistungen immer geringer, so dass sich ab einem gewissen Zeitpunkt die Volkswirtschaft V_{g_2} der Volkswirtschaft V_{g_1} angleicht.

In einer profitorientierten Marktwirtschaft werden ab einer bestimmten Größe mehr Arbeitskräfte infolge der Steigerung der Arbeitsproduktivität ($AP^{Pk}_{j_x,v_g}$) freigesetzt als für die Einführung neuer Aufstockungssachgüter benötigt werden. Dieser Effekt wirkt in einer Volkswirtschaft umso stärker, je geringer der Anteil der Aufstockungssachgüter an der gesamten Warenproduktion ist. Das Wachstum einer solchen Volkswirtschaft bremst sich nicht nur von selbst aus, sondern die Volkswirtschaft beginnt im Ergebnis steigender Arbeitsproduktivität zu schrumpfen, bis sich ein neues Gleichgewicht zwischen Angebot und Nachfrage einstellt.

5 Resümee für eine geschlossene Volkswirtschaft

Eine geschlossene Volkswirtschaft gerät unter rein profitorientierten marktwirtschaftlichen Bedingungen in eine paradoxe Situation. Einerseits werden wissenschaftlich - technische und technologische Erkenntnisse schnellstmöglich und effektiv zum Wohle der Menschen und Unternehmen praxiswirksam umgesetzt, andererseits werden immer mehr Menschen aus den Arbeitsprozessen verdrängt und geraten in Arbeitslosigkeit verbunden mit einem sozialen Abstieg. Die Gesellschaft spaltet sich in der Tendenz zwangsläufig in Arm und Reich, die Einkommens- und Vermögensschere öffnet sich mehr und mehr. Der Staat muss sich zunehmend verschulden, um für einen wachsenden Teil der Bevölkerung zumindest einen minimalen sozialen Standard zu gewährleisten, wenn soziale Unruhen vermieden werden sollen.

Eine beliebige, geschlossene, profitorientierte Marktwirtschaft entwickelt sich zwangsläufig in Richtung einer instabilen Systemlage. Der Markt aus sich heraus kann dieses Problem nicht lösen.

Eine stabile, geschlossene, sich dynamisch entwickelnde und den jeweiligen ökonomischen Umständen sich flexibel anpassende Volkswirtschaft, die soziale Sicherheit, Chancengleichheit und uneingeschränkte Freiheit des Einzelnen gewährleistet, insofern nicht die Interessen des Gemeinwesens und die Anforderungen an den Umweltschutz durch das Wollen des Einzelnen verletzt werden, ist in einer geschlossenen profitorientierten Marktwirtschaft nicht realisierbar.

6 Die Systemgleichungen für eine offene Volkswirtschaft

Verfährt man analog wie bei der geschlossenen Volkswirtschaft und versieht alle Einnahmen der Wirtschaftskomplexe mit einem (+) und alle Ausgaben mit einem (-) und addiert alle Einnahmen und Ausgaben in Abb.2 auf Seite 8 gesondert für die jeweiligen Wirtschaftskomplexe, erhält man für eine offene Volkswirtschaft folgende Gleichungen:

Produktionskomplex

$$\sum_{i=1}^{6} A_{S_1,j_x,v_o}^{Pg_{i.a}} + A_{S_2,j_x,v_o}^{Stk} + A_{S_3,j_x,v_o}^{Stk} + A_{S_3,j_x,v_o}^{Dk} + A_{S_3,j_x,v_o}^{Bk} +$$

$$E_{expS_4,j_x,v_o}^{Pk} - BAE_{j_x,v_o}^{Pg_{1.a}} - A_{ADL,j_x,v_o}^{Pk} - Krt_{j_x,v_o}^{Pk} - Krz_{j_x,v_o}^{Pk} -$$

$$A_{SFDL,j_x,v_o}^{Pk} - StAb_{j_x,v_o}^{Pk} - A_{impS_5,j_x,v_o}^{Pk} - A_{ADLa.V,j_x,v_o}^{Pk} = \Delta_{j_x,v_o}^{Pk} \quad (16)$$

Personengruppe $Pg_{1.a}$

$$BAE_{j_x,v_o}^{Pg_{1.a}} - A_{S_1,j_x,v_o}^{Pg_{1.a}} - A_{ADL,j_x,v_o}^{Pg_{1.a}} - A_{SFDL,j_x,v_o}^{Pg_{1.a}} - Krt_{j_x,v_o}^{Pg_{1.a}} - Krz_{j_x,v_o}^{Pg_{1.a}} -$$

$$StAb_{j_x,v_o}^{Pg_{1.a}} - A_{impS_1,j_x,v_o}^{Pg_{1.a}} - A_{ADLa.V,j_x,v_o}^{Pg_{1.a}} = \Delta_{j_x,v_o}^{Pg_{1.a}} \quad (17)$$

Dienstleistungskomplex

$$\sum_{i=1}^{6} A_{ADL,j_x,v_o}^{Pg_{i.a}} + A_{ADL,j_x,v_o}^{Pk} + A_{ADL,j_x,v_o}^{Stk} + A_{ADL,j_x,v_o}^{Bk} +$$

$$E_{expADL,j_x,v_o}^{Dk} - BAE_{j_x,v_o}^{Pg_{2.a}} - A_{S_3,j_x,v_o}^{Dk} - A_{SFDL,j_x,v_o}^{Dk} -$$

$$Krt_{j_x,v_o}^{Dk} - Krz_{j_x,v_o}^{Dk} - StAb_{j_x,v_o}^{Dk} - A_{impS_3,j_x,v_o}^{Dk} = \Delta_{j_x,v_o}^{Dk} \quad (18)$$

Personengruppe $Pg_{2.a}$

$$BAE_{j_x,v_o}^{Pg_{2.a}} - A_{S_1,j_x,v_o}^{Pg_{2.a}} - A_{ADL,j_x,v_o}^{Pg_{2.a}} - A_{SFDL,j_x,v_o}^{Pg_{2.a}} - Krt_{j_x,v_o}^{Pg_{2.a}} - Krz_{j_x,v_o}^{Pg_{2.a}} -$$

$$StAb_{j_x,v_o}^{Pg_{2.a}} - A_{impS_1,j_x,v_o}^{Pg_{2.a}} - A_{ADLa.V,j_x,v_o}^{Pg_{2.a}} = \Delta_{j_x,v_o}^{Pg_{2.a}} \quad (19)$$

Bankenkomplex

$$\sum_{i=1}^{6} Krt_{j_x,v_o}^{Pg_{i.a}} + Krt_{j_x,v_o}^{Pk} + Krt_{j_x,v_o}^{Dk} + Krt_{j_x,v_o}^{Stk} +$$

$$\sum_{i=1}^{6} Krz_{j_x,v_o}^{Pg_{i.a}} + Krz_{j_x,v_o}^{Pk} + Krz_{j_x,v_o}^{Dk} + Krz_{j_x,v_o}^{Stk} +$$

$$\sum_{i=1}^{6} A_{SFDL,j_x,v_o}^{Pg_{i.a}} + A_{SFDL,j_x,v_o}^{Pk} + A_{SFDL,j_x,v_o}^{Dk} + A_{SFDL,j_x,v_o}^{Stk} +$$

$$E_{expFDL,j_x,v_o}^{Bk} - BAE_{j_x,v_o}^{Pg_{3.a}} - A_{S_3,j_x,v_o}^{Bk} - A_{ADL,j_x,v_o}^{Bk} - StAb_{j_x,v_o}^{Bk} - A_{impS_3,j_x,v_o}^{Bk} = \delta_{j_x,v_o}^{Bk}$$

bzw.

$$\sum_{i=1}^{6} Krz_{j_x,v_o}^{Pg_{i.a}} + Krz_{j_x,v_o}^{Pk} + Krz_{j_x,v_o}^{Dk} + Krz_{j_x,v_o}^{Stk} +$$

$$\sum_{i=1}^{6} A_{SFDL,j_x,v_o}^{Pg_{i.a}} + A_{SFDL,j_x,v_o}^{Pk} + A_{SFDL,j_x,v_o}^{Dk} + A_{SFDL,j_x,v_o}^{Stk}$$

$$+ E_{expFDL,j_x,v_o}^{Bk} - BAE_{j_x,v_o}^{Pg_{3.a}} - A_{S_3,j_x,v_o}^{Bk} - A_{ADL,j_x,v_o}^{Bk} - StAb_{j_x,v_o}^{Bk} - A_{impS_3,j_x,v_o}^{Bk} =$$

$$\delta_{v_o,j_x,v_o}^{Bk} - \sum_{i=1}^{6} Krt_{j_x,v_o}^{Pg_{i.a}} - Krt_{j_x,v_o}^{Pk} - Krt_{j_x,v_o}^{Dk} - Krt_{j_x,v_o}^{Stk} = \Delta_{j_x,v_o}^{Bk} \quad (20)$$

Personengruppe $Pg_{3.a}$

$$BAE_{j_x,v_o}^{Pg_{3.a}} - A_{S_1,j_x,v_o}^{Pg_{3.a}} - A_{ADL,j_x,v_o}^{Pg_{3.a}} - A_{SFDL,j_x,v_o}^{Pg_{3.a}} - Krt_{j_x,v_o}^{Pg_{3.a}} - Krz_{j_x,v_o}^{Pg_{3.a}} -$$

$$StAb_{j_x,v_o}^{Pg_{3.a}} - A_{impS_1,j_x,v_o}^{Pg_{3.a}} - A_{ADLa.V,j_x,v_o}^{Pg_{3.a}} = \Delta_{j_x,v_o}^{Pg_{3.a}} \quad (21)$$

Staatskomplex

$$\sum_{i=1}^{3} StAb_{j_x,v_o}^{Pg_{i.a}} + StAb_{j_x,v_o}^{Pk} + StAb_{j_x,v_o}^{Dk} + StAb_{j_x,v_o}^{Bk} - NAE_{j_x,v_o}^{Pg_{4.a}} - RP_{j_x,v_o}^{Pg_{5.a}} -$$

$$AgSh_{j_x,v_o}^{Pg_{6.a}} - A_{ADL,j_x,v_o}^{Stk} - A_{S_2,j_x,v_o}^{Stk} - A_{S_3,j_x,v_o}^{Stk} - A_{SFDL,j_x,v_o}^{Stk} -$$

$$Krt_{j_x,v_o}^{Stk} - Krz_{j_x,v_o}^{Stk} - A_{impS_2,j_x,v_o}^{Stk} - A_{impS_3,j_x,v_o}^{Stk} - A_{impFDL,j_x,v_o}^{Stk} = \Delta_{j_x,v_o}^{Stk} \quad (22)$$

Personengruppen $Pg_{4.a}$ bis $Pg_{6.a}$

$$NAE_{j_x,v_o}^{Pg_{4.a}} - A_{S_1,j_x,v_o}^{Pg_{4.a}} - A_{ADL,j_x,v_o}^{Pg_{4.a}} - A_{SFDL,j_x,v_o}^{Pg_{4.a}} -$$

$$Krt_{j_x,v_o}^{Pg_{4.a}} - Krz_{j_x,v_o}^{Pg_{4.a}} - A_{impS_1,j_x,v_o}^{Pg_{4.a}} - A_{ADLa.V,j_x,v_o}^{Pg_{4.a}} = \Delta_{j_x,v_o}^{Pg_{4.a}} \quad (23)$$

$$RP_{j_x,v_o}^{Pg_{5.a}} - A_{S_1,j_x,v_o}^{Pg_{5.a}} - A_{ADL.j_x,v_o}^{Pg_{5.a}} - A_{SFDL,j_x,v_o}^{Pg_{5.a}} -$$
$$Krt_{j_x,v_o}^{Pg_{5.a}} - Krz_{j_x,v_o}^{Pg_{5.a}} - A_{impS_1,j_x,v_o}^{Pg_{5.a}} - A_{ADLa.V,j_x,v_o}^{Pg_{5.a}} = \Delta_{j_x,v_o}^{Pg_{5.a}} \quad (24)$$

$$AgSh_{j_x,v_o}^{Pg_{6.a}} - A_{S_1,j_x,v_o}^{Pg_{6.a}} - A_{ADL.j_x,v_o}^{Pg_{6.a}} - A_{SFDL.j_x,v_o}^{Pg_{6.a}} -$$
$$Krt_{j_x,v_o}^{Pg_{6.a}} - Krz_{j_x,v_o}^{Pg_{6.a}} - A_{impS_1,j_x,v_o}^{Pg_{6.a}} - A_{ADLa.V,j_x,v_o}^{Pg_{6.a}} = \Delta_{j_x,v_o}^{Pg_{6.a}} \quad (25)$$

Die Gleichungen 16 bis 25 sind die Systemgleichungen für eine offene Volkswirtschaft (SGL_o). Im Unterschied zu einer geschlossenen Volkswirtschaft, in der die Summe der Einnahmen und Ausgaben aller Wirtschaftskomplexe gleich Null ist, ergibt sich für eine offene Volkswirtschaft als Summe die Differenz zwischen der Gesamtheit der Ex- und Importe, d.h.:

$$E_{expS_4,j_x,v_o}^{Pk} - A_{impS_5,j_x,v_o}^{Pk} - A_{ADLi.a.V,j_x,v_o}^{Pk} + E_{expADL.j_x,v_o}^{Dk} - A_{impS_3,j_x,v_o}^{Dk} +$$
$$E_{expFDL,j_x,v_o}^{Bk} - A_{impS_3,j_x,v_o}^{Bk} - A_{impS_2,j_x,v_o}^{Stk} - A_{impS_3,j_x,v_o}^{Stk} - A_{impFDL,j_x,v_o}^{Stk} -$$
$$\sum_{i=1}^{6} A_{impS_1,j_x,v_o}^{Pg_{i.a}} - \sum_{i=1}^{6} A_{ADLa.V,j_x,v_o}^{Pg_{i.a}} = \Delta_{j_x,v_o}^{exp/imp} \quad (26)$$

$\Delta_{j_x,v_o}^{exp/imp}$ kann größer, gleich bzw. kleiner als Null sein, in Abhängigkeit davon ob ein Exportüberschuss, eine ausgeglichen Bilanz zwischen Export und Import oder eine Auslandsverschuldung der Volkswirtschaft zu verzeichnen ist.

Für die Delta's in den Gleichungen 16 bis 25 gelten die gleichen Beziehungen wie für eine geschlossene Volkswirtschaft.

7 Die Entwicklungstendenz für eine offene Volkswirtschaft

Es ist offensichtlich, dass in einer offenen Volkswirtschaft vergleichbare Wechselbeziehungen zwischen Arbeitsproduktivität und Arbeitslosigkeit wie in einer geschlossenen Volkswirtschaft bestehen, mit dem Unterschied, dass in einer offenen Volkswirtschaft diese Wechselbeziehungen durch die Außenwirtschaftsbeziehungen zu anderen Volkswirtschaften überlagert werden. Offene Volkswirtschaften sind insbesondere dann im internationalen Wettbewerb erfolgreich, wenn sie es verstehen, folgende Kernanforderungen optimal zu kombinieren:

- zielgerichtete und marktorientierte Organisation des wissenschaftlich-technischen Fortschritts,

- schnellstmögliche Überführung wissenschaftlich-technischer Ergebnisse in die Praxis,

- Steigerung der Arbeitsproduktivität, wann immer auch möglich,

- dauerhafte Sicherung einer hohen Qualität der Sachgüter und Dienstleistungen gemäß den Anforderungen der Kunden,

- Anpassung der Lohnpolitik an die Erfordernisse der internationalen Wettbewerbssituation,

- durchgehende Gestaltung einer effektiven, den jeweiligen ökonomischen und sozialen Anforderungen angepasste Wirtschafts-, Finanz- und Steuerpolitik, um nach Möglichkeit einen optimalen Ablauf der volkswirtschaftlichen Prozesse und eine hohe internationale Wettbewerbsfähigkeit der Volkswirtschaft zu sichern.

Bekanntlich werden zwischen offenen Volkswirtschaften im Rahmen der Export-Import-Beziehungen Sachgüter, Dienstleistungen, Kapital und Arbeitskräfte ausgetauscht.

Betrachten wir etwas näher den Austausch von Sachgütern zwischen zwei offenen Volkswirtschaften $V^A_{j_x,v_o}$ und $V^B_{j_x,v_o}$. Wenn die importierten Sachgüter mit dem jeweiligen Sachgütersortiment dieser Volkswirtschaften nicht konkurrieren und dieses sinnvoll ergänzen und Export und Import in beiden Volkswirtschaften wertmäßig ausgeglichen sind, profitieren beide Volkswirtschaften im gleichen Maße von ihren Export - Import - Beziehungen.

Handelt es sich bei den Importen um Substitutionssachgüter, wird die eigene Sachgüterproduktion in diesen Volkswirtschaften z.T. durch die importierten

Sachgüter ersetzt. Voraussetzung dafür ist, dass die importierten Substitutionssachgüter in Qualität und Preis den Anforderungen der Märkte in diesen Volkswirtschaften besser entsprechen als die Sachgüter aus eigener Produktion. Inwieweit dieser Prozess zum tragen kommt, hängt von der konkreten Gestaltung der Export - Import - Beziehungen zwischen den genannten Volkswirtschaften ab. Der Import von Substitutionssachgütern kann über die Verhängung von Zöllen oder auch über die Änderung der Wechselkurse der Landeswährungen gedrosselt werden, so dass sich auf diese Weise die von den Importen betroffenen Unternehmen schützen lassen. Völlig anders gestaltet sich die Situation, wenn zwischen den Volkswirtschaften V_{j_x,v_o}^A und V_{j_x,v_o}^B keine Zollschranken bestehen, ein ungehinderter Warenfluss stattfindet und die gleiche Währung gilt, so dass auch der Einfluss einer Änderung des Wechselkurses auf die Export - Import - Beziehungen ausgeschlossen wird und die Volkswirtschaften trotz unterschiedlicher Wirtschafts-, Finanz- und Steuerpolitik zu einer quasi-geschlossenen Volkswirtschaft verschmelzen. Unter diesen Bedingungen werden sich auf den Märkten jene Sachgüter durchsetzen, die in Qualität und Preis vergleichbaren Sachgütern überlegen sind. Volkswirtschaften mit einer höheren Arbeitsproduktivität im Produktionskomplex werden sich gegenüber Volkswirtschaften mit niedrigerer Arbeitsproduktivität durchsetzen, so dass das Verschwinden ganzer Industriezweige in der weniger produktiven Volkswirtschaft nicht auszuschließen ist, Arbeitskräfte freigesetzt werden und der Anteil der Langzeitarbeitslosen an der Arbeitslosigkeit zunimmt.

Von besonderem Interesse ist auch der Fall, wenn aus der Volkswirtschaft V_{j_x,v_o}^A Produktionskapazitäten mit hoher Arbeitsproduktivität aus Gründen niedrigerer Lohnkosten in die Volkswirtschaft V_{j_x,v_o}^B verlagert werden. Die Volkswirtschaft V_{j_x,v_o}^A verschafft sich auf diese Weise Wettbewerbsvorteile gegenüber dritten Volkswirtschaften mit vergleichbarer Arbeitsproduktivität. In diesem Fall werden in der Volkswirtschaft V_{j_x,v_o}^A Arbeitskräfte freigesetzt, während in der Volkswirtschaft V_{j_x,v_o}^B der Bedarf an Arbeitskräften ansteigt, die allerdings zu niedrigeren Löhnen arbeiten als in der Volkswirtschaft V_{j_x,v_o}^A. Umso niedriger die Löhne in der Volkswirtschaft V_{j_x,v_o}^B sind, desto international wettbewerbsfähiger werden die in diese Volkswirtschaft verlagerten Produktionskapazitäten, so dass auch in der Volkswirtschaft V_{j_x,v_o}^A die Produktion vergleichbarer Sachgüter nach und nach eingestellt wird.

Werden durch eine Volkswirtschaft Sachgüter importiert, die in dieser Volkswirtschaft nicht hergestellt werden, kann man die Sachgüterimporte nach folgenden Kriterien unterscheiden:

- Sachgüter, die für eine Volkswirtschaft unverzichtbar sind und durch diese nicht bereitgestellt werden können. Dazu zählen z.B. im Produktionskomplex benötigte Rohstoffe, die im eigenen Wirtschaftsbereich nicht bzw. nicht ausreichend vorhanden sind.

- Sachgüter, bei denen ein realer Bedarf besteht, zu deren Herstellung die Leistungsfähigkeit der Volkswirtschaft jedoch nicht ausreichen würde.

Bei den Export-Import-Beziehungen von Volkswirtschaften ist von besonderem Interesse, wie sich die Export-Import-Bilanzen zwischen Volkswirtschaften entwickeln. Solange bei einer Volkswirtschaft ein Exportüberschuss bzw. eine ausgeglichene Export-Import-Bilanz besteht, befindet sich diese Volkswirtschaft in Bezug auf ihre Außenwirtschaftsbeziehungen in einer stabilen Lage.

Übersteigen die Importe einer Volkswirtschaft jedoch dauerhaft deren Exporte, wird sich diese immer mehr verschulden. Dieser Sachverhalt tritt u.a. ein, wenn eine Volkswirtschaft zur Aufrechterhaltung der volkswirtschaftlichen Prozesse und des Lebensstandards der Bevölkerung gezwungen ist bestimmte Sachgüter und Dienstleistungen zu importieren, ohne einen wertmäßig äquivalenten Export gewährleisten zu können. Die Ursachen dafür sind in erster Linie in der unzureichenden internationalen Wettbewerbsfähigkeit dieser Volkswirtschaft zu suchen, d.h. das Sachgüter- und Dienstleistungssortiment sowie die Arbeitsproduktivität und die Qualität der Erzeugnisse und Dienstleistungen erfüllen nicht die Anforderungen der internationalen Märkte.

Da die Volkswirtschaften infolge der internationalen Arbeitsteilung, einer ungleichmäßigen Verteilung der Rohstoffressourcen und der sehr unterschiedlichen klimatischen Bedingungen gezwungen sind lebenswichtige Sachgüter über Export-Import-Beziehungen zu beschaffen, ist eine Drosselung der Importe zum Schutze der eigenen Wirtschaft nur bis zu einem gewissen Grade möglich, wenn eine stabile Systemlage der Volkswirtschaft nicht in Frage gestellt werden soll. Deshalb ist die Bereitstellung international wettbewerbsfähiger Sachgüter und Dienstleistungen für den Export eine Schwerpunktaufgabe für jede auf Stabilität ausgerichtete offene Volkswirtschaft. Gelingt es einer Volkswirtschaft nicht international konkurrenzfähige Sachgüter in einem solchen Maße zu exportieren, dass die Export-Import-Bilanz zumindest ausgeglichen ist, gerät die Volkswirtschaft in eine instabile Systemlage. Die Volkswirtschaft wird sich zunehmend international verschulden, wenn die zu diesem Zeitpunkt laufenden volkswirtschaftlichen Prozesse und der Lebensstandard der Bevölkerung aufrecht erhalten bleiben sollen. Um der zunehmenden Verschuldung entgegen zu wirken, wird man gezwungen sein die Produktions- und Dienstleistungsprozesse zu modernisieren und den Lebensstandard der Bevölkerung solange abzusenken, bis die Produktions- und Dienstleistungsprozesse einem internationalen Wettbewerb standhalten.

Eine Wiederherstellung der Wettbewerbsfähigkeit von schwächelnden Volkswirtschaften hat zur Voraussetzung, dass deren zukünftige Entwicklung konsequent an den oben genannten Kernanforderungen orientiert wird. Mit der Wiederherstellung der Wettbewerbsfähigkeit dieser Volkswirtschaften wird nicht automatisch eine Reduzierung der Arbeitslosigkeit und eine Anhebung des zuvor gefallenen Lebensstandards erreicht, da mit steigender Arbeitsproduktivität immer weniger Arbeitskräfte benötigt werden, um den internen Realbedarf der Volkswirtschaft an Sachgütern und Dienstleistungen zu decken. Ein Anstieg des Arbeitskräftebedarfs wäre über eine Anhebung des Exports von international konkurrenzfähigen Sachgütern und Dienstleistungen im Rahmen eines Verdrängungswettbewerbs denkbar, was andererseits zu einem Anstieg der Arbeitslosigkeit in den konkurrierenden Volkswirtschaften führen würde.

Jeder Volkswirtschaft, unabhängig davon ob es sich um eine geschlossene oder offene Volkswirtschaft handelt, liegt der Wertschöpfungsprozess im Produktionskomplex zugrunde. Von entscheidender Bedeutung ist dabei der Umstand, dass durch die objektiv bedingte Steigerung der Arbeitsproduktivität immer weniger Menschen in der Personengruppe Pg_{1a} benötigt werden, um den Realbedarf an Sachgütern in der eigenen Volkswirtschaft zu decken. Arbeitskräfte werden folglich freigesetzt. International wettbewerbsfähige Volkswirtschaften wirken der Freisetzung von Arbeitskräften durch den Export von Sachgütern entgegen, während in weniger wettbewerbsfähigen Volkswirtschaften die Arbeitslosigkeit zunehmen muss.

Es ist offensichtlich, dass eine geschlossene Volkswirtschaft ohne Wertschöpfungsprozess nicht denkbar ist. Im Unterschied dazu kann sich eine offene Volkswirtschaft unter bestimmten Bedingungen mit einer nur sehr geringen oder sogar ohne eigene Wertschöpfung erfolgreich auf den internationalen Märkten etablieren. Auf diesen Sachverhalt gehe ich auf Seite 45 ein.

Ich möchte in Erinnerung bringen, dass es sich bei den angestellten Untersuchungen um rein theoretische Betrachtungen handelt, die zu dem logischen Ergebnis führen, dass in einer profitorientierten offenen Marktwirtschaft der Aufbau eines auf dauerhafte soziale Sicherheit und Chancengleichheit ausgerichteten Gemeinwesens ausgeschlossen ist. Ich überlasse es dem Leser zu überprüfen, inwieweit diese theoretische Analyse mit der zu beobachtenden Realität in den aktuellen Volkswirtschaften übereinstimmt.

8 Resümee für eine offene Volkswirtschaft

Nicht konkurrenzfähige Volkswirtschaften werden in Ihrer Entwicklung stagnieren. Ihre Warenproduktion wird sich in der Tendenz rückläufig entwickeln. Der Anstieg der Arbeitslosigkeit und die Stagnation bzw. Rückläufigkeit der Warenproduktion ziehen eine Absenkung des Lebensstandards der Bevölkerung und eine Zunahme der Verschuldung der Volkswirtschaft nach sich.

Die Schere zwischen Arm und Reich wird sich in profitorientierten offenen Marktwirtschaften tendenziell immer mehr öffnen. Die Systemlage dieser Volkswirtschaften wird objektiv bedingt zunehmend instabil. Der Markt aus sich heraus ist nicht in der Lage dieses Problem zu lösen. Dieser Prozess wird durch die Schaffung von Freihandelszonen und die Globalisierung verstärkt.

Bevor ich auf Möglichkeiten der Gestaltung eines gerechteren Gemeinwesens zu sprechen komme, das soziale Sicherheit und Chancengleichheit für alle Menschen zum Ziel hat, gehe ich im nächsten Abschnitt auf die Rolle des Geldes in der Volkswirtschaft ein, dem bei der Schaffung eines solchen Gemeinwesens eine fundamentale Bedeutung zukommt.

9 Die Rolle des Geldes in den Austauschprozessen

Ziel der Produktion ist die Konsumtion, d.h. Sachgüter werden produziert, um über den Markt getauscht und konsumiert zu werden. Tauscht man Sachgüter direkt gegen Sachgüter, spricht man von einer Naturalwirtschaft. Der direkte Tausch von Sachgütern trifft immer dann auf Erschwernisse, wenn zwei miteinander zu tauschende Sachgüter A und B, die mengenmäßig nicht beliebig teilbar sind ohne ihre Gebrauchseigenschaften zu verlieren, nicht im Verhältnis 1:1 getauscht werden können und die Tauschpartner jeweils nur an einem einzelnen Sachgut A bzw. B interessiert sind. Wenn z.B. zwei Tauschpartner übereingekommen sind Hemden und Schuhe im Verhältnis 7:3 zu tauschen, dann ist bei Aufrechterhaltung dieser Äquivalenzbeziehung der Tausch von 1 Paar Schuhen gegen 1 Hemd ausgeschlossen, ohne dass einer der Tauschpartner benachteiligt würde. Natürlich besteht die Möglichkeit das Tauschverhältnis 7:3 beizubehalten und anschließend die jeweils überschüssigen Hemden bzw. Schuhe gegen andere Sachgüter zu tauschen, wenn die Tauschpartner jeweils nur an einem Hemd bzw. an einem Paar Schuhe interessiert sind.

Um die in der Naturalwirtschaft auftretenden Erschwernisse beim Tausch von Sachgütern zu umgehen, war insbesondere bei fortschreitender Arbeitsteilung die Einführung allgemein anerkannter universeller Tauschmittel erforderlich. Ein solches Tauschmittel muss

- durch fälschungssichere Eigenschaften definiert sein,

- sich stückeln lassen, ohne seinen Gebrauchswert zu verlieren,

- unbefristet aufbewahrt werden können, ohne seine Eigenschaften zu ändern,

- mit sich geführt werden können, um es unmittelbar vor Ort im Tauschprozess einzusetzen.

Diese Anforderungen werden u.a. durch Metalle wie Gold, Silber und Kupfer bzw. daraus bestehende Legierungen erfüllt. Anhand der nachfolgenden, beliebig angenommenen Äquivalenzbeziehung, möchte ich den Tausch von Sachgütern mit Hilfe des Goldes als allgemein anerkanntes universelles Tauschmittel erläutern:

$$7 \text{ Hemden} = 3 \text{ Paar Schuhe} = 1 \text{ Ziege} = 11 \text{ Spaten} = 9 \text{ Eimer}$$

Nimmt man an, dass man in der Naturalwirtschaft für 10 gr Gold 1 Hemd bekommt, dann gilt auch:

$$1 \text{ Hemd} = \tfrac{3}{7} \text{ Paar Schuhe} = \tfrac{1}{7} \text{ Ziege} = \tfrac{11}{7} \text{ Spaten} = \tfrac{9}{7} \text{ Eimer} = 10 \text{ gr Gold}$$

Daraus folgt:

$$1 \text{ Hemd} = 10 \text{ gr Gold}$$

$$1 \text{ Paar Schuhe} = 23{,}333 \text{ gr Gold}$$

$$1 \text{ Ziege} = 70 \text{ gr Gold}$$

$$1 \text{ Spaten} = 6{,}363 \text{ gr Gold}$$

$$1 \text{ Eimer} = 7{,}777 \text{ gr Gold}$$

Der Einsatz von Gold als allgemein anerkanntes universelles Tauschmittel ermöglicht also den Erwerb von Sachgütern, ohne einen Naturaltausch vornehmen zu müssen. Der Verkäufer von Sachgütern kann das dafür erhaltene Gold aufbewahren und es zu einem beliebigen späteren Zeitpunkt gegen andere Sachgüter problemlos tauschen. Diese Tauschprozesse haben allerdings zur Voraussetzung, dass das Gold beim Tauschprozess in geeigneter Stückelung (z.B. Goldkörner und Goldpulver) vorliegt, genau gewogen werden kann und in ausreichender Menge für die Durchführung aller Tauschprozesse in der Volkswirtschaft vorhanden ist. Jedes Sachgut kann also gegen eine bestimmte Menge Gold und umgekehrt getauscht werden. Im Laufe der Geschichte erlangte Gold als allgemein anerkanntes Tauschmittel eine zentrale Rolle in vielen Gesellschaften. Es versteht sich von selbst, dass derjenige, der über ausreichend Gold verfügt, beliebige Sachgüter und Dienstleistungen erwerben kann. Er kann aber auch auswählen, bei wem er diese Sachgüter und Dienstleistungen erwerben möchte. Der private Besitz größerer Mengen von Gold ermöglicht folglich auch die Schaffung von Abhängigkeiten zwischen Personen und Institutionen, so dass dadurch Grundvoraussetzungen für eine Machtausübung über andere Menschen und Einrichtungen gegeben sind. Daraus erklärt sich auch, warum die herrschenden Schichten einer Gesellschaft immer bestrebt waren die Verfügungsgewalt über das Gold zu erlangen.

Legt man formal 1 Milligramm Gold als kleinste Tauscheinheit (TE) fest, ergeben sich folgende Beziehungen:

$$1 \text{ Hemd} = 10 \text{ gr Gold} = 10000 \text{ TE}$$

$$1 \text{ Paar Schuhe} = 23{,}333 \text{ gr Gold} = 23333 \text{ TE}$$

$$1 \text{ Ziege} = 70 \text{ gr Gold} = 70000 \text{ TE}$$

$$1 \text{ Spaten} = 6{,}363 \text{ gr Gold} = 6363 \text{ TE}$$

$$1 \text{ Eimer} = 7{,}777 \text{ gr Gold} = 7777 \text{ TE}$$

Durch die Einführung von Tauscheinheiten besteht jetzt die Möglichkeit auf das Wägen von Gold im Tauschprozess zu verzichten, indem man es durch Metallscheiben aus Gold, Silber, Kupfer oder anderen Metallen bzw. Metalllegierungen ersetzt und die Metallscheiben mit definierten Prägungen und Zahlen kennzeichnet. Die Zahlen auf den so entstandenen Münzen stehen für die Anzahl von Tauscheinheiten (TE), die durch die Münzen verkörpert werden. Die Summe der Tauscheinheiten, die für den Kauf eines Sachgutes, d.h. einer Ware ausgegeben werden, ist der Preis, d.h. der Tauschwert der Ware. Mit der Einführung der Münzen war das Geld als allgemeines Zahlungsmittel geboren.

Wird das Metall, aus dem die Münzen bestehen, wie andere Sachgüter über den Markt auf der Basis von Angebot und Nachfrage gehandelt, dann kommt dem Verhältnis von Münzgewicht und der auf der Münze eingeprägten Zahl eine besondere Bedeutung zu. Es ist offensichtlich, dass die Zahl auf der Münze für die Anzahl der Tauscheinheiten größer sein sollte als der Tauschwert des Metalls, aus dem die Münze besteht.

Der alleinige Einsatz von Metall als Träger von Tauscheinheiten hat aber auch Nachteile. In einer auf Wachstums orientierten, sich dynamisch entwickelnden Volkswirtschaft, würde der Bedarf an Münzen ständig steigen, um alle Tauschprozesse, die für das Wachstum und die Aufrechterhaltung der volkswirtschaftlichen Abläufe erforderlich sind, abzuwickeln. So müssten z.B. für den Kauf von sehr teuren Sachgütern nicht nur große Mengen an Münzen bereitgestellt, sondern bei Bedarf auch an die Verkäufer übergeben, d.h. transportiert werden. Eine ziemlich umständliche Angelegenheit.

Deshalb war man bestrebt die Münzen zumindest z.T. durch andere Zahlungsmittel zu ersetzen. Infolge des wissenschaftlich-technischen Fortschritts wurden Spezialpapiere entwickelt, die sich für die Herstellung von Papiergeld eignen. Dabei wird das Papiergeld so gestaltet, dass den Anforderungen an ein allgemein anerkanntes, universelles Tauschmittel entsprochen wird.

Ersetzt man die Tauscheinheiten durch eine konkrete Währung, z.B. 1 TE = 1 Cent und 100 Cent = 1 Euro, erhält man:

$$1 \text{ Hemd} = 10 \text{ gr Gold} = 10000 \text{ TE} = 100{,}00 \text{ Euro}$$

$$1 \text{ Paar Schuhe} = 23{,}333 \text{ gr Gold} = 23333 \text{ TE} = 233{,}33 \text{ Euro}$$

$$1 \text{ Ziege} = 70 \text{ gr Gold} = 70000 \text{ TE} = 700{,}00 \text{ Euro}$$

$$1 \text{ Spaten} = 6{,}363 \text{ gr Gold} = 6363 \text{ TE} = 63{,}63 \text{ Euro}$$

$$1 \text{ Eimer} = 7{,}777 \text{ gr Gold} = 7777 \text{ TE} = 77{,}77 \text{ Euro}$$

In der Europäischen Union hat man sich auf 1, 2, 5, 10, 20 und 50 Cent- sowie 1 Euro- und 2 Euro-Münzen geeinigt. Als Papiergeld werden 5, 10, 20, 50, 100 und 200 Euroscheine eingesetzt.

Das Papiergeld wird in Form von Geldscheinen ausgegeben, die kaum ein Eigengewicht besitzen und deshalb leicht handhabbar sind. Es hat außerdem gegenüber dem Metallgeld, insbesondere gegenüber Gold und Silber noch den Vorteil, dass es jederzeit und kurzfristig in erforderlicher Menge der Volkswirtschaft zur Verfügung gestellt werden kann. Weiterhin ist festzustellen, dass der Tauschwert des Papiers, aus dem das Papiergeld besteht, bezogen auf einen einzelnen Geldschein vernachlässigbar gering ist. Infolge dessen ist das Papier, aus dem ein Geldschein besteht, letztlich nur der Träger der Anzahl der Tauscheinheiten, die auf dem Geldschein ausgewiesen werden, ohne selbst einen Tauschwert zu besitzen. Das Papiergeld wird aus Gründen der Handhabbarkeit mit Münzen ergänzt. Neben dem Papiergeld wurden aber auch eine Vielzahl anderer Wertpapiere wie Aktien, Wechsel und Anleihen entwickelt, mit deren Hilfe eine Wertübertragung vom Verkäufer zum Käufer möglich ist.

Aus den obigen Ausführungen lässt sich ableiten, dass man auf körperliche Zahlungsmittel wie das Geld ganz verzichten kann, wenn sich die Übertragung von Tauscheinheiten vom Käufer zum Verkäufer auf andere Art und Weise sicher und rückverfolgbar regeln lässt.

Im Ergebnis der Einführung der elektronischen Datenverarbeitung und der Digitalisierung der elektronischen Informationsprozesse wurde es in Zusammenarbeit mit Bankeinrichtungen möglich die körperlichen Zahlungsmittel durch virtuelles Geld zu ersetzen, so dass die Abwicklung von Zahlungsvorgängen über elektronische Einrichtungen erfolgen kann.

Geld ist das Blut der Volkswirtschaft; es verbindet ihre unterschiedlichsten Strukturen und Bereiche organisch miteinander und gewährleistet auf diese Weise ihren sozio-ökonomischen Bestand. Geld spielt folglich eine fundamentale Rolle in der Volkswirtschaft, von der das Wohl und Wehe des ganzen Gemeinwesens abhängt. Deshalb ist es von entscheidender Bedeutung zu wissen, wieviel Geld in der Volkswirtschaft jederzeit für einen reibungslosen Ablauf der volkswirtschaftlichen Prozesse benötigt wird und wer und auf welche Art und Weise die der Volkswirtschaft zur Verfügung stehende Geldmenge reguliert.

Im Ergebnis volkswirtschaftlicher Kreisläufe werden Unternehmensgewinne und Ansparungen gebildet, die sehr unterschiedlichen Verwendungen, wie bereits dargestellt, zugeführt werden können. In der Regel kann man davon ausgehen, dass die Ansparungen der Personengruppen sowie die nicht unmittelbar für Investitionen benötigten Unternehmensgewinne dem Bankenkomplex oder auch anderen Finanzdienstleistern auf der Basis von zu vereinbarenden Konditionen zur Verfügung gestellt werden. Wenn diese finanziellen Mittel dem volkswirtschaftlichen Kreislauf nicht mehr zugeführt werden, sind diese zur Aufrechterhaltung der volkswirtschaftlichen Prozesse durch neues Geld zu ersetzen.

Zwischen offenen Volkswirtschaften ist, wie bereits erwähnt, der Austausch von Gütern, Finanzen, Kapital und Arbeitskräften möglich. Infolge unterschiedlicher Gesetzgebungen in den einzelnen Volkswirtschaften kann ein Standortwechsel der Unternehmen von einer Volkswirtschaft in eine andere durchaus von Vorteil sein, insbesondere dann, wenn am neuen Standort geringere Steuern auf Unternehmensgewinne und auf Kapitalerträge zu zahlen und bei Geldanlagen höhere Zinsen zu erwarten sind. Dieser Umstand kann von Banken und anderen Finanzdienstleistern dazu genutzt werden Finanzmittel und Kapital aus Unternehmen und privaten Bereichen anderer Volkswirtschaften anzuziehen und zum gegenseitigen Vorteil zu verwalten.[8] Diese Banken und Finanzdienstleister sind natürlich gebunden staatliche Abgaben an ihre eigene Volkswirtschaft abzuführen. Sind in einer solchen Volkswirtschaft ausreichend viele derartige Banken und Finanzdienstleiter vertreten und werden deren Finanzdienstleistungen durch viele Unternehmen und private Bereiche aus anderen Volkswirtschaften genutzt, ist es durchaus möglich, dass solche Volkswirtschaften ohne bzw. nur sehr geringe Wertschöpfung auskommen. Eine besondere Beachtung verdient der Transfer von Finanzmitteln in andere Volkswirtschaften dann, wenn er mit einer Steuerhinterziehung einhergeht, die zu großen finanziellen Verlusten in der Volkswirtschaft des Steuerhinterziehers führt. Infolge der Akkumulation von Unternehmensgewinnen, privaten Finanzmitteln und Geldern aus der Steuerhinterziehung werden bei Banken und anderen Finanzdienstleistern große Geldmengen deponiert, die mit der Realwirtschaft im Sinne der Systemgleichungen nichts mehr zu tun haben, aber dazu genutzt werden können Volkswirtschaften direkt oder auch indirekt zu beeinflussen. Dieser Akkumulationsprozess wird u.a. noch dadurch forciert, wenn Emissionsbanken verstärkt frisches Geld für Geschäftsbanken bereitstellen, mit der Hoffnung, in einer stagnierenden Volkswirtschaft über günstige Kreditvergaben Wachstum zu generieren. Dabei wird vergessen, dass volkswirtschaftliches Wachstum nur dann möglich ist, wenn der reale Bedarf an Sachgüter und Dienstleistungen im Inland nachhaltig steigt bzw. deren Nachfrage im Export zunimmt.

Beispiele für die Verwendung der von der Realwirtschaft losgelösten Finanzmit-

---

[8]Banken und andere Finanzdienstleister sind genauso wie Unternehmen im Produktionskomplex profitwirtschaftlich orientiert, mit dem Unterschied, dass in diesen Unternehmen kein Wertschöpfungsprozess vollzogen wird. Deshalb ist auch die häufig anzutreffende Bezeichnung Finanzindustrie nicht zutreffend und völlig irreführend.

tel sind u.a.:

- Erwerb von Unternehmen über Aktienmärkte,

- Kauf von Unternehmen durch Investoren,

- Vergabe von Krediten an schwächelnde Volkswirtschaften,

- Spekulationen auf den Devisenmärkten mit Landeswährungen.

Diese u.a. Einflussnahmen werden verstärkt über Globalisierungsprozesse realisiert, führen zu einer weiteren Internationalisierung der Märkte, einer zunehmenden Konzentration des Kapitals in immer weniger Händen und zu stärker werdenden Abhängigkeiten nationaler Volkswirtschaften von global agierenden Finanzinstitutionen. Diese Entwicklung hat dazu geführt, dass z.B. in einzelnen Ländern der Europäischen Union hohe Arbeitslosenquoten, insbesondere unter den Jugendlichen zu beklagen sind, und die Schere zwischen Arm und Reich immer weiter auseinander klafft.

Geld ist von fundamentaler Bedeutung für jede Volkswirtschaft, weil ohne Geld alle Austauschprozesse in einer stark arbeitsteilig organisierten Wirtschaft zum Erliegen kommen. Wer über das Geld verfügt hat unmittelbaren Einfluss auf die Entwicklung der Volkswirtschaft.

Eine Umverteilung von Oben nach Unten ist zwar notwendig, aber nicht ausreichend, weil die sozio-ökonomischen Probleme infolge der tendenziell zunehmenden Freisetzung von Arbeitskräften auf diese Weise nicht dauerhaft gelöst werden können. Von entscheidender Bedeutung ist die Verwaltung des Geldes einzig und allein durch eine dazu beauftragte Institution des Gemeinwesens, oder mit anderen Worten, eine finanzielle Abhängigkeit des Gemeinwesens von privaten Geldgebern und Spekulanten ist ohne Wenn und Aber auszuschließen.

10 Die Notwendigkeit des Übergangs von einer profitorientierten in eine rationale Marktwirtschaft

Es steht außer Zweifel, dass die Menschheit die größten Fortschritte in Wissenschaft und Technik, im Gesundheitswesen und in vielen anderen Bereichen des gesellschaftlichen Lebens unter profitorientierten marktwirtschaftlichen Bedingungen erzielt hat. Was unter diesen Bedingungen jedoch bisher nicht erreicht wurde ist die Herstellung einer dauerhaften Chancengleichheit für alle Mitglieder eines Gemeinwesens, wobei ich unter Chancengleichheit die uneingeschränkte Möglichkeit der individuellen Teilhabe aller Mitglieder des Gemeinwesens am gesellschaftlichen, kulturellen und politischen Leben verstehe, ohne der Gleichmacherei das Wort zu reden.

Betrachtet man die sozio-ökonomischen Zustände in den entwickelten kapitalistischen Ländern der Gegenwart, drängt sich die Frage auf, wieso es bisher nicht gelungen ist, allen Mitgliedern in diesen Gemeinwesen soziale Sicherheit und anhaltende Chancengleichheit zu garantieren und die Arbeitslosigkeit dauerhaft zu beseitigen. Um zu begreifen, weshalb das so ist, wähle ich als Ausgangspunkt für die nachfolgenden Betrachtungen die natürliche Verhaltensweise der Menschen, die als soziale Individuen im Rahmen des Gemeinwesens nach maximaler Selbstbestimmung streben.

Bekanntlich hat jedes Individuum eigene Vorstellungen und Wünsche hinsichtlich einer selbstbestimmten Entwicklung. Die Realisierung dieser Wünsche und Vorstellungen hängt u.a. davon ab, ob die persönlichen und gesamtgesellschaftlichen Voraussetzungen dafür gegeben sind. Ist z.B. in den Regulierungen des Gemeinwesens vorgesehen, dass jedes Mitglied in Übereinstimmung mit den geltenden Regeln und Vorschriften das Recht auf Gründung eines Produktions- bzw. Dienstleistungsunternehmen hat, um Sachgüter bzw. Dienstleistungen für den Markt bereitzustellen, kann man davon ausgehen, dass ein Teil der Mitglieder dieses Gemeinwesens das Risiko einer beruflichen Selbständigkeit auf sich nimmt. Der Lohn für eine erfolgreiche Unternehmensgründung ist ein hohes Maß an Eigenständigkeit der Unternehmer hinsichtlich der Unternehmensentwicklung und der persönlichen Zukunftspläne. Außerdem ist auch der materielle Anreiz für eine Unternehmensgründung von Bedeutung, da das Einkommen der Unternehmer bei einer erfolgreichen Unternehmensentwicklung in der Regel wesentlich höher ist, als das der Angestellten.

Die entscheidende Grundlage für ein freies Unternehmertum ist das Privateigentum an Produktionsmitteln, weil der Unternehmer frei darüber entscheiden können muss, auf welche Art und Weise und zu welchem Zweck er die Produktionsmittel einsetzt, um seine persönlichen Vorstellungen zu realisieren. Dabei tritt er zwangsläufig in Wettbewerb mit der Konkurrenz. Profitorientierte Volkswirtschaften geraten infolge des Wettbewerbs in ein Dilemma: einerseits wird über den Wettbewerb der wissenschaftlich-technische und soziale Fortschritt ermöglicht, andererseits wachsen die sozialen Widersprüche in der Gesellschaft infolge von Arbeitslosigkeit, Chancenungleichheit und Zunahme der Vermögensunterschiede zwischen Arm und Reich. Außerdem verschärfen sich die ökonomischen Widersprüche zwischen offenen Volkswirtschaften, da bei einem ungehinderten freien Waren- und Dienstleistungsaustausch Volkswirtschaften mit geringerer Arbeitsproduktivität an Wettbewerbsfähigkeit verlieren und sich bei Beibehaltung der Höhe der Ausgaben für das Gemeinwesen zunehmend verschulden. Diese Widersprüche sind im Rahmen profitorientierter Marktwirtschaften nicht lösbar.

Ein Ausweg aus diesem Dilemma wurde in der Abschaffung des Privateigentums an Produktionsmitteln gesehen. Der historische Versuch, diesen Weg in den ehemaligen sozialistischen Ländern zu beschreiten, ist kläglich gescheitert.

Ein Hauptgrund für das ökonomische Scheitern der ehemaligen Ostblockstaaten ist aus meiner Sicht die Vergesellschaftung der Produktionsmittel, da mit der Unterbindung des Privateigentums an Produktionsmitteln den Menschen die Freiheit genommen wurde Unternehmen zu gründen und aus eigener Initiative heraus Sachgüter und Dienstleistungen für den Markt bereitzustellen, um eigene Neigungen zu befriedigen und mehr Geld als im Arbeitnehmerverhältnis zu verdienen. Die Triebkräfte des Fortschritts wurden durch das Ausbremsen dieser dem Menschen innewohnenden Antriebe eingefroren. Die Verhinderung des Privateigentums an Produktionsmittel zieht zwangsläufig eine gesamtgesellschaftliche Planung, d.h. eine Planwirtschaft nach sich. Es versteht sich von selbst, dass damit der natürliche, innergesellschaftliche, marktwirtschaftlich orientierte Wettbewerb erlischt, sich die Dynamik des wissenschaftlich-technischen und technologischen Fortschritts bei der Entwicklung neuer Erzeugnisse und Dienstleistungen stark verlangsamt und die Steigerung der Arbeitsproduktivität nur sehr zögerlich von Statten geht. Die Wettbewerbsfähigkeit dieser Volkswirtschaften auf internationalen Märkten konnte in vieler Hinsicht nicht gesichert werden. Der gewünschte interne soziale Fortschritt war auf Dauer nicht mehr zu gewährleisten. Die Systemlage wurde zunehmend instabil. In diesem Zusammenhang ist festzustellen, dass infolge der Vergesellschaftung der Produktionsmittel die Arbeitsproduktivität und das Angebot an Waren und Dienstleistungen hinsichtlich Umfang, Sortiment und Qualität in den ehemaligen sozialistischen Ländern unvergleichlich geringer war als in den führenden kapitalistischen Ländern.

Ein Gemeinwesen, das allen Mitgliedern soziale Sicherheit und Chancengleichheit bieten und sich dauerhaft in einer stabilen Systemlage befinden will, muss die Freiheit des Individuums auf ein selbstbestimmtes, im Einklang mit den Interessen des Gemeinwesens stehendes, vernunftorientiertes Handeln ermöglichen, insbesondere die Gründung und Aufrechterhaltung von Produktions- und Dienstleistungsunternehmen auf der Basis des Privateigentums an Produktionsmitteln. Die Zulassung des Privateigentums an Produktionsmitteln als wesentliche Voraussetzung für eine erfolgreiche ökonomische und soziale Entwicklung des Gemeinwesens führt zwangsläufig zu einer wettbewerbsorientierten Marktwirtschaft, die jedoch so zu gestalten ist, dass den Anforderungen an die Freiheit des Individuums sowie an die soziale Sicherheit und Chancengleichheit voll entsprochen wird. Eine wettbewerbsorientierte Marktwirtschaft dieser Art bezeichne ich als rationale Marktwirtschaft. Eine Volkswirtschaft, basierend auf einer rationalen Marktwirtschaft nenne ich rationale Volkswirtschaft. Wenn der soziale Frieden in einem Gemeinwesen gewahrt werden soll, ist der Übergang von einer profitorientierten in eine rationale Marktwirtschaft notwendig. Im folgendem Abschnitt versuche ich die Frage zu beantworten, wie eine rationale Marktwirtschaft, die auf das Wohl aller Mitglieder des Gemeinwesens gerichtet ist, gestaltet werden könnte.

11 Eckpunkte für die Gestaltung einer rationalen Marktwirtschaft

Die Zulassung von Privateigentum an Produktionsmitteln, d.h. die Möglichkeit der Gründung und Aufrechterhaltung von privaten Produktions- und Dienstleistungsunternehmen, ist eine fundamentale Voraussetzung für die erfolgreiche Entwicklung einer rationalen Marktwirtschaft, in der der Wettbewerb zwischen privaten Unternehmen eine wesentlichen Triebkraft für Entwicklung und Fortschritt in allen Lebensbereichen des Gemeinwesens ist. Da in einer Marktwirtschaft im Ergebnis des Wettbewerbs immer mehr Arbeitskräfte freisetzt werden, müssen durch das Gemeinwesen den Arbeitslosen solche beruflichen Alternativen geboten werden, dass Arbeitslosigkeit vermieden und der Anspruch auf Chancengleichheit für alle Mitglieder des Gemeinwesens aufrechterhalten wird. In einer durchgängig profitorientierten Marktwirtschaft ist objektiv bedingt eine solche Zielsetzung nicht realisierbar. Der Markt aus sich heraus kann weder in geschlossenen noch in offenen profitorientierten Volkswirtschaften, wie wir gesehen haben, Arbeitslosigkeit und Chancenungleichheit auf Dauer vermeiden. Um den scheinbar unüberbrückbaren Widerspruch zwischen dem Privateigentum an Produktionsmitteln und der Forderung nach Chancengleichheit und dauerhafter Vermeidung von Arbeitslosigkeit aufzuheben, muss die Rolle des Staates als Verwaltungsinstrument des Gemeinwesens diesen Anforderungen angepasst und gerecht, d.h. neu definiert werden. Einen solchen Staat bezeichne ich als Rationalstaat.

11.1 Übergang von einer geschlossenen profitorientierten in eine geschlossene rationale Volkswirtschaft

Weil eine profitorientierte Marktwirtschaft objektiv nicht in der Lage ist alle durch sie im Laufe der Zeit freigesetzten Arbeitskräfte dauerhaft in privatwirtschaftliche Arbeitsprozesse zu integrieren, bleibt gar keine andere Möglichkeit, als dass der Rationalstaat den freigesetzten Arbeitskräften eine dauerhafte Arbeitsperspektive bietet. Das wiederum hat zur Voraussetzung, dass nicht alle Wirtschaftseinheiten privatwirtschaftlich organisiert werden dürfen, insbesondere jene Wirtschaftseinheiten, deren privatwirtschaftliche Organisation eine Abhängigkeit des gesamten Gemeinwesens von privaten Entscheidungen nach sich ziehen könnte. Bei nicht privatwirtschaftlich zu organisierenden Wirtschaftseinheiten, die Eigentum des Gemeinwesens sind, denke ich u.a. an die Energie- und Wasserversorgung, an das Versicherungs-, Gesundheits- und Bildungswesen, an den öffentlichen Verkehr und an den Umweltschutz, sowie an nicht privatwirtschaftlich tätige Finanzinstitutionen. Allein in diesen Arbeitsbereichen gibt es ausreichend viele sinnvolle Arbeitsplätze, um alle freigesetzten Arbeitskräfte nach entsprechender Umschulung unterzubringen. Die Entscheidung darüber, welche Wirtschaftseinheiten nicht privatwirtschaftlich zugelassen werden, muss auf demokratischem Wege durch die oberste Vertretung des Gemeinwesens, das Parlament, getroffen werden.

Die Eingliederung der von der Privatwirtschaft freigesetzten Arbeitskräfte in die wirtschaftlichen Tätigkeitsbereiche des Gemeinwesens, die durch den Rationalstaat verwaltet werden, hat die Bereitstellung erforderlicher finanzieller Mittel zur Voraussetzung, die jedoch allein durch staatliche Abgaben bei Beibehaltung einer profitorientierten Marktwirtschaft nicht gedeckt werden können. Der Rationalstaat würde sich grenzenlos verschulden und in starke wirtschaftliche Abhängigkeit von den Geldgebern geraten. Eine aus Sicht des Gemeinwesens völlig unerwünschte Situation, die sich bei Beachtung folgender Voraussetzungen zum Übergang von einer profitorientierten geschlossenen in eine rationale geschlossene Volkswirtschaft, im Weiteren als Übergangsvoraussetzungen für eine geschlossene Volkswirtschaft (ÜVg) bezeichnet, beheben lässt:

- Kontrollierte Zulassung von privatwirtschaftlich und nicht privatwirtschaftlich organisierten Wirtschaftseinheiten.

- Vermeidung von Monopolbildungen im Produktions- und Dienstleistungskomplex.

- Begrenzung der Unternehmensgrößen auf ein solches Maß, dass Insolvenzen keine gesamtgesellschaftlichen Auswirkungen hervorrufen können.

- Monopolisierung der gesamten Geldwirtschaft in den Händen des Gemeinwesens.

- Zinslose Gestaltung der gesamten Geldwirtschaft.

- Unterbindung von Spekulationsgeschäften, Lobbyismus und Korruption jeglicher Art.

- Gewährleistung des Rechts auf Arbeit.

- Verpflichtung aller arbeitsfähigen Personen einer Erwerbstätigkeit nachzugehen, wenn sie anderenfalls dem Gemeinwesen zur Last fallen würden.

- Festlegung von Fördermaßnahmen, Mindesteinkommen und Mindestrente in einer solchen Höhe, dass allen Mitgliedern des Gemeinwesens eine individuelle Teilhabe am gesellschaftlichen, kulturellen und politischen Leben ermöglicht wird.

- Steuerung des sozio-ökonomischen Gleichgewichts über die Finanzpolitik des Rationalstaates.

- Konsequente Förderung des Umweltschutzes.

- Entscheidungsträger in den Verwaltungsorganen des Gemeinwesens müssen Ihre Eignung für die jeweilige Funktion gegenüber einem gewählten Gremium nachweisen.

An dieser Stelle möchte ich hervorheben, dass der Wettbewerb im Produktions- und Dienstleistungsbereich in keinerlei Weise eingeschränkt wird, Kreditnehmern aus der Wirtschaft sowie Privatpersonen zinslose Kredite gewährt werden, allen Mitgliedern des Gemeinwesens ein gesicherter Arbeitsplatz zur Verfügung gestellt werden kann und der Rationalstaat sich nicht mehr verschulden muss, d.h. er kann zu beliebiger Zeit immer soviel Geld bereitstellen, wie für eine erfolgreiche rationale Volkswirtschaft erforderlich ist. Das Geld wird auf diese Weise zu einem echten Steuerungsinstrument krisenfreier volkswirtschaftlicher Prozessabläufe. Privatwirtschaftliche Unternehmen können sich wettbewerbsmäßig unter Beachtung der gesetzlichen Rahmenbedingungen frei entfalten. Unter diesen Bedingungen wird es Reichtum aber keine Armut geben, d.h. Gleichmacherei wird ausgeschlossen. Mit steigender Arbeitsproduktivität kann die Dauer des Arbeitstages aber auch die Lebensarbeitszeit nach und nach verkürzt werden.

Andererseits entfallen komplett alle privaten Geldinstitutionen, für deren Erhalt auch keine sinnvollen Argumente sprechen. Es versteht sich von selbst, dass mit der Neugestaltung des Finanzwesen alle im Zusammenhang damit stehenden Aktivitäten in entsprechenden gesetzlichen Regelungen und Verfahrensweisen festzuschreiben und durch das Parlament zu verabschieden sind.

Beim Übergang von einer profitorientierten zu einer rationalen Marktwirtschaft entsteht eine Art rationalbasierte Symbiose zwischen privatwirtschaftlichen und gesamtgesellschaftlichen Institutionen. Dieser Übergang kann auf demokratischem Wege erfolgen, wenn die Mehrheit der Mitglieder des Gemeinwesens sich für diesen Weg entscheidet und der Steuerungsprozess des Übergangs durch ein Gremium wahrgenommen wird, dass eigens für diesen Zweck in freien Wahlen bestimmt wurde. Von grundlegender Bedeutung ist dabei, dass die Entscheidungen des Gremiums objektiv und im Interesse des Gemeinwesens als Ganzes getroffen werden. Weiterhin ist über geeignete Verfahrensweisen zu gewährleisten, dass nur kompetente, integre Personen in das Gremium berufen werden. Bei allen Entscheidungsfindungen muss sich das Gremium von der Auffassung leiten lassen, dass die Freiheit des Einzelnen durch die Gesetzgebung umfassend zu wahren ist. Freiheit ist für mich ein Synonym für die Handlungsfreiheit des Einzelnen bzw. von Personengruppen in allen Lebensbereichen des Gemeinwesens, insofern einem Anderen kein Schaden zugefügt und die Interessen des Gemeinwesens sowie die Anforderungen an den Umweltschutz nicht verletzt werden. Die Umsetzung und lebendige Aufrechterhaltung dieser Freiheitsauffassung hat die gesellschaftsweite Anerkennung, konsequente Beachtung und Einhaltung von Rahmenbedingungen und Verfahrensweisen des gesellschaftlichen Zusammenlebens zur Voraussetzung, die ich in Ihrer Gesamtheit als Demokratie bezeichne. Ein Gemeinwesen strebt erst nach Gerechtigkeit, wenn Chancengleichheit und Freiheit zur allgemeinen Lebensmaxime des Gemeinwesens erhoben und durchgesetzt werden.

In einer rationalen, geschlossenen Volkswirtschaft kann durch ein enges und dynamisches Zusammenspiel zwischen Privatwirtschaft und Rationalstaat die Arbeitslosigkeit dauerhaft behoben und die Chancengleichheit für alle Mitglieder des Gemeinwesens durchgängig auf der Grundlage von Freiheit und Demokratie gewährleistet werden.

Leider sind in der Realität keine geschlossenen Volkswirtschaften anzutreffen, so dass sich jetzt die Frage stellt, ob, und wenn ja, wie offene, profitorientierte Volkswirtschaften in rationale offene Marktwirtschaften überführt werden können, in denen Chacengleichheit und dauerhafte Behebung der Arbeitslosigkeit wie in einer geschlossenen rationalen Volkswirtschaft garantiert werden können.

11.2 Übergang von der Gesamtheit offener profitorientierter Volkswirtschaften zu einer gemeinsamen rationalen Volkswirtschaft

In offenen profitorientierten Volkswirtschaften wird sich infolge des Verdrängungswettbewerbs der Wertschöpfungsprozess immer mehr zugunsten effektiverer Volkswirtschaften verlagern, was letztlich dazu führt, dass die Kluft zwischen armen und reichen Ländern in Bezug auf den Lebensstandard der Bevölkerung immer größer wird. Nicht wettbewerbsfähige Volkswirtschaften werden zunehmend instabil. Als theoretischer Grenzfall wäre denkbar, dass der Wertschöpfungsprozess hauptsächlich in den effektiven, sich dynamisch entwickelnden Volkswirtschaften vollzogen wird, während die weniger effektiven Volkswirtschaften ihren realen Bedarf zunehmend über Importe decken müssen. In diesem Fall entsteht jedoch die Frage, wie diese Volkswirtschaften ihre Importe bezahlen wollen, wenn kaum noch ein Wertschöpfungsprozess vorhanden ist. Eine kostenlose Umverteilung finanzieller Mittel von den reichen auf die armen Länder ist auf Dauer nicht denkbar und wäre auch den Bevölkerungen in den reichen Ländern nicht vermittelbar.

Unabhängig davon, ob es sich um arme oder reiche Länder handelt, ist in profitorientierten Marktwirtschaften eine tendenzielle Zunahme der Arbeitslosigkeit unausweichlich. Dieser Sachverhalt wird insbesondere deutlich, wenn man alle profitorientierten Marktwirtschaften als Gesamtheit betrachtet. Infolge von Innovationen im Wertschöpfungsprozess werden in der Gesamtheit der Volkswirtschaften immer weniger Personen der Personengruppe $Pg_{1.a}$ benötigt, um eine gleich große Wertschöpfung zu vollziehen. Auch wenn sich im gesamten Wertschöpfungsprozess der Volkswirtschaften der Umfang der Personengruppe $Pg_{1.a}$ verringert, kann in einzelnen Volkswirtschaften eine zeitweilige Zunahme des Arbeitskräftebedarfs zu verzeichnen sein. In der Tendenz wird jedoch in der Gesamtheit der Volkswirtschaften die Arbeitslosigkeit zwangsläufig zunehmen.

Durch die stetige Zunahme der Verarmung weiter Teile der Bevölkerung, in erster Linie in den nicht wettbewerbsfähigen Volkswirtschaften, sind soziale Unruhen und Katastrophen vorprogrammiert, wenn nicht rechtzeitig Veränderungen in der wirtschaftlichen und politischen Organisation der Gemeinwesen vorgenommen werden. Anschauliche Beispiele dafür liefert der gegenwärtige Zustand der Europäischen Union mit einer hohen Arbeitslosigkeit, z.B. in Griechenland, Spanien, Portugal und Italien.

Wie ich bereits gezeigt habe, ist ein Übergang von einer geschlossenen profitorientierten zu einer geschlossenen rationalen Marktwirtschaft auf demokratischem Wege möglich. Einen solchen Prozess kann eine offene profitorientierte Volkswirtschaft im Alleingang jedoch nicht vollziehen. Eine Abgrenzung von den anderen Volkswirtschaften ohne eigene Existenzgefährdung wäre unmöglich und eine gezielte finanzielle Steuerung der volkswirtschaftlichen Prozesse in dieser Volkswirtschaft könnte nicht gewährleistet werden.

Diese scheinbare Ausweglosigkeit hinsichtlich des Übergangs offener profitorientierter in offene rationale Marktwirtschaften kann letztlich nur dann überwunden werden, wenn sich zumindest alle ökonomisch dominierenden Länder und großen Schwellenländer der Welt zusammenschließen und einen solchen Übergang gemeinsamen anstreben. Im Zusammenhang damit ist festzustellen, dass durch den Wettbewerb zwischen Unternehmen eine immer engere Verzahnung zwischen den Volkswirtschaften objektiv bedingt ist, was letztlich seinen Ausdruck in der Globalisierung der ökonomischen Prozesse findet. Dieser Prozess ist unaufhaltsam, dem sich auch keine Volkswirtschaft entziehen kann. Im Endergebnis dieser Entwicklung haben wir es mit einer Weltwirtschaft zu tun, die in eine weltumspannende rationale Volkswirtschaft auf parlamentarischem Wege umgewandelt werden könnte. Dazu sind ähnlich wie bei einer geschlossenen Volkswirtschaft folgende Voraussetzungen, im Weiteren als Übergangsvoraussetzungen für eine offene Volkswirtschaft (ÜVo) bezeichnet, zu erfüllen:

- Schaffung eines gemeinsamen obersten Verwaltungsorgans der beteiligten Länder.

- Gründung eines gemeinsamen Parlaments der beteiligten Länder, dem gegenüber das oberste Verwaltungsorgan rechenschaftspflichtig ist.

- Die Mitglieder des obersten Verwaltungsorgans und des gemeinsamen Parlaments sind Delegierte aus den beteiligten Ländern, die Ihre Eignung für die jeweilige Funktion gegenüber einem gewählten Gremium nachweisen müssen.

- Die nationalen Gesetzgebungen der beteiligten Länder sind zu vereinheitlichen, insbesondere zum Wirtschafts-, Steuer-, Banken-, Finanz- und Arbeitsrecht.

- Kontrollierte Zulassung von privatwirtschaftlich und nicht privatwirtschaftlich organisierten Wirtschaftseinheiten.

- Vermeidung von Monopolbildungen im Produktions- und Dienstleistungskomplex.

- Begrenzung der Unternehmensgrößen auf ein solches Maß, dass Insolvenzen keine gesamtgesellschaftlichen Auswirkungen hervorrufen können.

- Monopolisierung der gesamten Geldwirtschaft in den Händen des obersten Verwaltungsorgans.

- Zinslose Gestaltung der gesamten Geldwirtschaft.

- Unterbindung von Spekulationsgeschäften, Lobbyismus und Korruption jeglicher Art.

- Gewährleistung des Rechts auf Arbeit.

- Verpflichtung aller arbeitsfähigen Personen einer Erwerbstätigkeit nachzugehen, wenn sie anderenfalls dem Gemeinwesen zur Last fallen würden.

- Festlegung von Fördermaßnahmen, Mindesteinkommen und Mindestrente in einer solchen Höhe, dass allen Mitgliedern des neu entstehenden Gemeinwesen eine individuellen Teilhabe am gesellschaftlichen, kulturellen und politischen Leben ermöglicht wird.

- Steuerung des sozio-ökonomischen Gleichgewichts über die Finanzpolitik des obersten Verwaltungsorgans.

- Konsequente Förderung von Umweltschutzmaßnahmen.

12 Notwendige und hinreichende Bedingungen für den Übergang profitorientierter in rationale Volkswirtschaften

Notwendige Bedingungen sind Voraussetzungen, die gegeben sein müssen, damit ein bestimmtes Ereignis eintritt. Ein Ereignis tritt aber nicht zwangsläufig ein, wenn die notwendigen Bedingungen dafür gegeben sind. Damit ein Ereignis mit Sicherheit eintritt, müssen neben den notwendigen Bedingungen auch hinreichende Bedingungen vorliegen. Diesen Sachverhalt, den ich an dem nachfolgenden Beispiel erläutere, kann man in allen Bereichen der menschlichen Erfahrung beobachten.

Damit es regnet, muss die Wasserdampfkonzentration in der Luft unter den gegebenen Umweltbedingungen (Temperatur und Druck) die Sättigungsgrenze überschreiten. Jetzt zeigt uns die Erfahrung, dass es bei Erfüllung dieser für das Regnen notwendigen Bedingung nicht unbedingt regnet. Es ist nur sehr schwül. Zu regnen beginnt es erst dann, wenn als hinreichende Bedingung ausreichend viele Kondensationspartikel in der Luft vorhanden sind, an denen die Tropfenbildung einsetzen kann.

Ich bin der Auffassung, dass auch bei der Vorbereitung und Festlegung einzelner Maßnahmen und Vorgehensweisen zur Gestaltung und Realisierung der Struktur und Ablauforganisation eines auf Fortschritt bedachten Gemeinwesens den jeweils auf die einzelnen Sachverhalte zutreffenden notwendigen und hinreichenden Bedingungen eine besondere Bedeutung beizumessen ist. Um zu bewerten, ob die jeweiligen Bedingungen zur praktischen Umsetzung der getroffenen Maßnahmen, Festlegungen und Vorgehensweisen den Ansprüchen eines auf Fortschritt, Toleranz und Humanismus ausgerichteten Gemeinwesens gerecht werden, bedarf es eines allgemeingültigen Wertesystems als Bezugssystem. Als ein solches Wertesystem scheint mir der Begriff „Freiheit" geeignet zu sein, den ich aus meiner Sicht bereits auf Seite 52 wie folgt definiert habe:

Freiheit ist für mich ein Synonym für die Handlungsfreiheit des Einzelnen bzw. von Personengruppen in allen Lebensbereichen des Gemeinwesens, insofern einem Anderen kein Schaden zugefügt und die Interessen des Gemeinwesens sowie die Anforderungen an den Umweltschutz nicht verletzt werden. Dabei gilt stets, dass Gemeinnutz vor Eigennutz geht.

Dieser Freiheitsbegriff ist durch folgende Aspekte gekennzeichnet:

- Wenn ein Gemeinwesen, dass sich dynamisch und zukunftsorientiert entwickeln und dabei Chancengleichheit, soziale Sicherheit, Toleranz und Humanismus dauerhaft gewährleisten will, muss die Handlungsfreiheit des Einzelnen bzw. von Personengruppen in allen Lebensbereichen des Gemeinwesens gewährleistet sein. Diese Bedingung ist notwendig aber nicht hinreichend, weil Handlungsfreiheit nicht zwangsläufig zu einer positiven Entwicklung des Gemeinwesens führt. Deshalb ist die gleichzeitige Einhaltung von hinreichenden Bedingungen für ein sich positiv entwickelndes Gemeinwesen erforderlich, d.h. die Gewährung der Handlungsfreiheit muss immer daran gebunden sein, dass

- kein Schaden einem Anderen zugefügt wird,

- die Interessen des Gemeinwesens gewahrt werden,

- die Anforderungen an den Umweltschutz eingehalten werden.

Die Umsetzung und lebendige Aufrechterhaltung dieser Freiheitsauffassung hat die gesellschaftsweite Anerkennung, sowie die konsequente Beachtung und Einhaltung von Rahmenbedingungen und Verfahrensweisen des gesellschaftlichen Zusammenlebens zur Voraussetzung. Im Zusammenhang damit sind geeignete Maßnahmen, Festlegungen und Verfahrensweisen in der Aufbau- und Ablauforganisation des Gemeinwesens festzuschreiben. Dabei sind insbesondere folgende Punkte zu berücksichtigen:

- Politische Entscheidungen des Gemeinwesens sind über Volksentscheide bzw. auf parlamentarischem Wege zu treffen.

- Die Gewaltenteilung zwischen Exekutive, Legislative und Judikative ist zu sichern.

- Die Grundrechte jedes Einzelnen gegenüber dem Staat, gegenüber gesellschaftlichen Gruppen und gegenüber anderen Einzelpersonen sind zu garantieren.

- Die Presse-, Meinungs- und Rundfunkfreiheit ist zu gewährleisten.

- Wahlen sind als allgemeine, gleiche, freie und geheime Wahl durchzuführen.

Ein Gemeinwesen, das diese Anforderungen erfüllt, genügt den Ansprüchen einer Demokratie.

Freiheit und Demokratie bedingen einander. Freiheit ist das wichtigste Gut eines auf Fortschritt orientierten Gemeinwesens, und Demokratie ist die Gesamtheit von gesamtgesellschaftlich akzeptierten Vorgehensweisen, um dieses Gut wirksam zu schützen. Die praktische Erfahrung zeigt uns jedoch, dass das Freiheits- und Demokratieverständnis sehr breit gefächert sein muss, wenn man die sozioökonomischen und politischen Entwicklungstendenzen der letzten Zeit in einigen

Ländern der Europäischen Union aber auch weltweit betrachtet. Nationalismus, Chauvinismus und Fremdenfeindlichkeit haben weder was mit Freiheit noch mit Demokratie im Sinne der gegebenen Definition zu tun.

Bei der Vorbereitung, Inkraftsetzung und praxiswirksamen Anwendung von Entscheidungen, die die Struktur und Ablauforganisation des Gemeinwesens in seiner Gesamtheit betreffen, sind alle im Zusammenhang damit stehenden Sachverhalte dahingehend zu überprüfen, ob sie den Ansprüchen an die obige Freiheitsdefinition genügen. Dabei ist davon auszugehen, dass die Zielsetzungen in den Entscheidungen für die Mehrheit der Mitglieder des Gemeinwesens akzeptabel sein müssen. An dieser Stelle möchte ich betonen, dass der Grundsatz „Gemeinnutz geht vor Eigennutz" bei allen Entscheidungen als hinreichende Bedingung heranzuziehen ist.

Unter diesem Gesichtspunkt prüfe ich nachfolgend die Auswirkungen der Übergangsvoraussetzungen (ÜVg) in ihrer Gesamtheit (s. Seite 51) daraufhin, ob im Ergebnis deren Umsetzung Arbeitslosigkeit beseitigt und Chancengleichheit sowie soziale Sicherheit für alle Mitglieder des Gemeinwesens gewährleistet werden können.

- Die kontrollierte Zulassung von privatwirtschaftlich und nicht privatwirtschaftlich organisierten Wirtschaftseinheiten lässt auf den ersten Blick vermuten, dass die Handlungsfreiheit im Sinne des Freiheitsbegriffs eingeschränkt wird. Diese Maßnahme ist jedoch erforderlich und liegt im Interesse des Gemeinwesens, weil, wie ich gezeigt habe, auf diese Weise die Arbeitslosigkeit behoben werden kann. Durch eine solche Verfahrensweise wird keinem anderen ein Schaden zugefügt und die hinreichende Bedingung - Gemeinnutz geht vor Eigennutz - ist ebenfalls erfüllt.

- Die Vermeidung von Monopolbildungen im Produktions- und Dienstleistungskomplex sowie die Begrenzung der Unternehmensgrößen auf ein solches Maß, dass Insolvenzen keine gesamtgesellschaftlichen Auswirkungen hervorrufen können sind plausible Festlegungen, die zweifelsfrei im Interesse des Gemeinwesens liegen.

- Erst durch die zinslose Gestaltung und Monopolisierung der gesamten Geldwirtschaft in den Händen des Gemeinwesens, sowie durch die Unterbindung von Spekulationsgeschäften, Lobbyismus und Korruption jeglicher Art wird das Geld zu einem echten Steuerungsinstrument der Volkswirtschaft. Das Gemeinwesen kann die erforderlichen Geldmengen und Geldflüsse zielgerichtet kontrollieren und Spekulationsblasen, die auf die Volkswirtschaft katastrophale Auswirkungen haben können, entstehen erst gar nicht. Die exponentielle

Anhäufung von Geld infolge von Zinseszins ist ausgeschlossen. Die zinslose Vergabe von Krediten an Unternehmen und Privatpersonen würde die Handlungsfreiheit der Kreditnehmer wesentlich erweitern, ohne dass dadurch ein Schaden für Andere entsteht. Gleichzeitig ist zu sichern, dass die Kreditnehmer mit Hilfe des Kredits keine Aktivitäten entfaltet, die den Interessen des Gemeinwesens bzw. den Anforderungen an den Umweltschutz zuwiderlaufen.

- Durch die Schaffung von nicht privatwirtschaftlich organisierten Wirtschaftseinheiten kann das Gemeinwesen das Recht und die Pflicht auf Arbeit sinnvoll durchsetzen. Im Ergebnis von Fördermaßnahmen und der Festlegung von Mindesteinkommen kann gewährleistet werden, dass für alle Mitglieder des Gemeinwesens eine individuelle Teilhabe am gesellschaftlichen, kulturellen und politischen Leben ermöglicht wird. Dazu gehört auch die Aufnahme von zinslosen Krediten für den Erwerb eines Eigenheimes bzw. einer Eigentumswohnung.

- Der Rationalstaat bringt soviel Geld in den Umlauf, wie für die Aufrechterhaltung der Prozessabläufe in den Systemgleichungen für eine geschlossene Volkswirtschaft erforderlich ist. Dabei werden die staatlichen Abgaben der Privatwirtschaft sowie die Einkommens-, Schenkungs-, Erbschafts- und Vermögenssteuer, die ab einer bestimmten Höhe erhoben werden, eingerechnet. Durch die Monopolisierung der Geldwirtschaft in den Händen des Gemeinwesens und die zinslose Vergabe von Krediten werden alle privaten finanzwirtschaftlichen Institutionen überflüssig. Infolge der Unterbindung jeglicher Art von Spekulationsgeschäften wird die Handlungsfreiheit des Einzelnen bei der Verwendung von Finanzmitteln im Interesse des Gemeinwesens eingeschränkt. Diese Maßnahme ist plausibel, wenn man bedenkt, dass im Finanzsektor kein Wertschöpfungsprozess stattfindet und die globalen Wirtschafts- und Finanzkrisen wesentlich auf eine katastrophale Misswirtschaft im privaten Finanzsektor zurückzuführen sind. Auch in diesem Falle greift die notwendige Bedingung - Gemeinnutz geht vor Eigennutz.

- Es versteht sich von selbst, dass alle Maßnahmen, Festlegungen und Vorgehensweisen zur Gestaltung einer rationalen Marktwirtschaft auf demokratischem Wege zu erarbeiten und zu verabschieden sowie in einer Aufbau- und Ablauforganisation des Gemeinwesen zu verankern sind.

Ich bin der Auffassung, dass mit den Übergangsvoraussetzungen (ÜVg) die wesentlichen notwendigen und hinreichenden Bedingungen gegeben sind, um eine geschlossene profitorientierte in eine geschlossene rationale Marktwirtschaft zu überführen. Gleiches gilt für die Übergangsvoraussetzungen bei der Umgestaltung offener profitorientierter Marktwirtschaften in eine gemeinsame offene rationale Marktwirtschaft (ÜVg) (s. Seite 54). Bei einer solchen Umgestaltung werden die positiven Elemente einer profitorientierten Marktwirtschaft erhalten, negative Erscheinungsformen eliminiert und durch neue Vorgehensweisen ersetzt bzw. ergänzt.

Ich habe die Niederschrift mit der Absicht verfasst Denkanstöße zu geben, wie wir das Zusammenleben aller Menschen friedlich, lebenswert und zukunftsorientiert gestalten können. Ich mache mir keine Illusionen darüber, dass der Weg dorthin beschwerlich und sehr mühevoll ist und auf viele Widerstände stoßen wird, aber ich bin der festen Überzeugung, dass er sich für uns alle lohnen wird.

Mit dem gleichzeitigen Übergang der größten und wichtigsten Volkswirtschaften der Welt von offenen profitorientierten Marktwirtschaften zu einer gemeinsamen offenen rationalen Marktwirtschaft ließen sich die sozialen Probleme im Weltmaßstab nach und nach zum Vorteil aller Menschen lösen.

Es wird zwar Reiche aber keine Armen geben. Die Freiheit des Individuums wird gewahrt. Gleichmacherei wird vermieden. Der gesellschaftliche Fortschritt wird über den Wettbewerb und über Fördermaßnahmen des Rationalstaates gesichert. Arbeitslosigkeit und soziale Unsicherheit gehören der Vergangenheit an.

Wer könnte an einer solchen Umgestaltung des Gemeinwesens interessiert sein?

Es sind alle Jugendlichen, denen unter den gegebenen Bedingungen des Kapitalismus keine Entwicklungschancen geboten werden. Es sind aber auch alle Arbeitslosen und Geringverdiener, die weder soziale Sicherheit noch Chancengleichheit bei Beibehaltung der aktuellen Wirtschaftsorganisation jemals erfahren werden. An einer solchen Umgestaltung könnten auch fast alle Arbeitnehmer interessiert sein, weil sie dann weder Arbeitslosigkeit noch sozialen Abstieg fürchten müssten. Und nicht zuletzt könnte auch die Mehrzahl der Unternehmen eine derartige Umgestaltung des Wirtschaftsgeschehens unterstützen. Einem freien Unternehmertum steht nichts im Wege, für das durch das Gemeinwesen Privateigentum an Produktionsmitteln zugelassen wurde.

Wer wäre besser geeignet der Menschheit Wege in eine friedliche, gemeinsame Zukunft aufzuzeigen als die Länder Europas mit ihrer kulturellen Vielfalt und ihren historischen Erfahrungen? Bei diesem gesellschaftlichen Wandel könnte die Europäische Union eine Vorreiterrolle spielen, wenn sich in allen Ländern der Union die Einsicht durchsetzt, dass Alleingängen in Ökonomie und Politik auf Dauer chancenlos sind. Noch haben wir die Chance auf demokratischem Wege diese organisatorischen Veränderungen in Angriff zu nehmen.

In der Ökonomie ist es ähnlich wie beim globalen Umweltschutz. Entweder wir lösen die anstehenden Probleme gemeinsam, oder die Menschheit hat keine Chance auf eine gesicherte Zukunft.

©2016 Walter Ponner

Umschlaggestaltung, Illustration: tredition GmbH, Hamburg

Lektorat, Korrektorat: tredition GmbH, Hamburg

Verlag: tredition GmbH, Hamburg

ISBN Taschenbuch: 978-3-7345-4238-1

ISBN Hardcover: 978-3-7345-4239-8

Bibliografische Information der Deutschen Nationalbibliothek: Die Deutsche Nationalbibliothek verzeichnet diese Publikation in der Deutschen Nationalbibliografie; detaillierte bibliografische Daten sind im Internet über http://dnb.d-nb.de abrufbar.

Zeitfracht Medien GmbH
Ferdinand-Jühlke-Straße 7
99095 Erfurt, Deutschland
produktsicherheit@kolibri360.de